겨울 자작나무 숲에서

겨울 자작나무 숲에서

조금래 제2시집

충주문화사

"시인의 말"

몇 해 전 겨울
나는 눈 내리는 자작나무 숲을 홀로 찾는다.

살갗 에이는 바람 앞에서도
가지 찢긴 모습으로 정갈하게 서 있는
눈부신 자작나무 한 그루를 본다.

그때 나는
그 자작나무를 꼭 안고
얼마나 오랫동안 서 있었던가?

내 손과 볼이
그 자작나무만큼 차가워졌을 때,
나도 이 자작나무처럼 살아내야지 하며
눈 쌓인 자작나무 숲을 하얗게 걸어 나온다.

오늘도 나는
하얀 자작나무 숲의 맑은 숨결을
내 눈과 마음의 창(窓)에 들여본다.

-2023년 초가을, 조금래-

• 차례 •

시인의 말 ‖ 조금래 … 5
평설 ‖ 박정근 … 116
깊은 맛이 있는 벗에 대한 단상(斷想) ‖ 이종대 … 143

제1부 ㅣ 겨울 자작나무 숲에서

봄으로 가는 길목에서 … 13
화초에 물을 주면 … 14
목향원 … 15
석란(石蘭) … 16
겨울 자작나무 숲에서 … 17
하늘을 담은 호수 … 18
천문산 운해별곡 … 19
풍경이 있는 계곡 -아모르전 루벤갤러리에서- … 21
우기(雨期)를 건너가는 수련(睡蓮) … 22
사랑의 노래 -최은주 화가 전시회에서- … 23
경춘선 타고 가는 봄 … 24
산토끼 … 25
소사나무를 보며 … 26
반야사에서 … 27

제2부 | 바람 부는 황토현

조팝꽃 필 무렵 … 31
단풍나무 비탈에 서다 … 32
아라뱃길 … 33
신탄리역에서 부르는 노래 … 34
출장 간 신(神) … 37
구두 … 38
교동향교에서 … 40
지하철 풍경 … 41
한 치 혀 … 42
바람 부는 황토현 … 43
바람이 되고 싶은 철마 … 44
카센터 황 씨 작업복 … 45
진달래 능선을 불어온 바람아 … 46
마지막 황손 … 48

제3부 | 들꽃

꽃눈물 … 53
들꽃 … 54
숨죽여 우는 밤 … 55
섬 … 56
바람 부는 성산포 … 57
죄인(罪人) … 58
손난로 … 59
그리움 … 60
빗물 머금은 능소화여 … 61
그림물감 … 64
풍차 … 65
나의 별은 그 별자리에 그대로 … 67
태풍의 눈이 되어 … 69
귀뚜라미 … 71

제4부 | 누님의 기도를 위한 나의 노래

온돌 … 75
어머니의 메밀밭 … 76
호미 … 77
장모님의 꽃마당 -어느 초가을, 옛집을 그리며- … 79
감돌개 … 80
안부 … 81
오월의 덕유산에서 … 82
마이산에 부는 바람 … 84
누님의 기도를 위한 나의 노래 … 85
겨울 향적봉에서 … 87
월곡역에서 -사랑하는 딸을 배웅하며- … 89
밤마실 … 91
유년의 꿈이 눈을 뜰 때면 … 92
접을 붙이며 … 94

제5부 | 살다가

산비둘기 … 97
청마 들녘 코스모스여 … 98
불일암에서 … 100
우이암을 오르며 … 101
천왕봉 가는 길 … 102
무등산증심사 … 104
청산도 … 105
수초의 노래 … 107
욕지도 출렁다리에서 … 108
살다가 … 110
하늘빛 편지 … 112
이제 또 다시 … 113
커피잔에 흐르는 시간을 타고 … 114
캐시미어 목도리 … 115

제1부
겨울 자작나무 숲에서

봄으로 가는 길목에서

내 숨결 한 자락 남아 있다면
너를 위한 것이고 싶다

내 눈물 한 방울 남았다면
너를 위해 흘리고 싶다

떠나는 길에 너를 만나고
돌아오는 길에도 너를 만난 삶의 정점에서
나는 한 점 그리움 되어 너를 부른다

그리운 만큼 너를 지우고
지운 것보다 너를 더 그리워하던
불면의 시간이여

이제 나는
그 시간 위를 불어가는 바람이 되고 싶다
봄 언덕을 불어가는 초록 바람이 되고 싶다

봄 나비 되어 너울너울 찾아드는
그리운 너를 맞는 향기로운 꽃밭이 되고 싶다

화초에 물을 주면

이른 아침
화초에 물을 주면
밤새 타던 내 몸의 갈증이 먼저 사라진다

화초에 물을 주는 일은
꽃을 예쁘게 키우려는 마음이기도 하지만
마음의 정원을 가꾸고 싶은 때문이리

마음이 없는 곳에 어찌 사랑을 쏟으랴
사랑스럽지 않은데 어찌 마음을 다하랴

화초에 물을 주는 일은
번지는 아침 햇살 따라
지상에 무지개 피워내는 일이다

목향원

고향처럼 정겨운
흙 마당 초가집

유기농 잡곡 쌈밥이
색색이 그림 같다

나무 향기 속으로
오가는 정담과 숟가락질 소리

황토벽이 침 삼키며
맛의 그 소리를 듣는다

지나던 수락산 바람도
낮은 돌담 넘어 마당을 들어선다

석란(石蘭)

맑은 햇살을
곧게 빗는
고고한 정념이여

푸른 날개 펴고
봄볕을 즐기는 그대는
청아(淸雅)한 선비

바위의 기세 위에
가늘고 긴 겸양(謙讓) 드리우고
해풍을 맞는 그대여

문풍지 사이로
난향(蘭香)이 스밀 때
나는 묵향(墨香)의 난(蘭)을 친다

겨울 자작나무 숲에서

시간이 멈춘 겨울 자작나무 숲에 서면
하얀 바람이 일렁거린다

그 바람 속에 서서 투명하게 떨던 나는
한 그루 자작나무가 되었다

맵찬 바람에 몸 찢긴
지워지지 않는 상처를 안고도
정갈하게 살아가는 하얀 눈부심이여

햇빛 쏟아지는 아침
자작나무 숲이 황홀하게 나를 울렸었다면
나는 또다시 그 아침을 기다려야만 한다

아침 자작나무 숲은
내 눈과 마음을 열어주는 창

아슴하던 내 마음에
고요한 눈길 하나 환히 열린다

하늘을 담은 호수

파란 하늘을 가슴에 담은 호수여
그리움이 사무치면 마음도 저토록 파랗게 물이 드는가

바람 한 자락에도
파랗게 물들어가는 마음을 재울 수 없어
밤낮 없이 저렇게 물결이 되어야 하는가

마음을 활짝 열고 가슴 가득 하늘을 담으며
파란빛으로 물들어가는 너의 마음을 나는 알겠다

바람을 타고 오는 햇빛을
눈부시게 반짝반짝 노래하는
너의 푸른 꿈을 나는 알겠다

어제도 오늘도 사무치는 그리움을 가슴 가득 안고
바람결에 풀어내는 사랑 노래여

파란 하늘을 가슴에 담고
한없이 설레는 나는
오늘도 잠들 수 없는 푸른 그리움이다

천문산 운해별곡

바람을 따라
천문산에 접어들 때
신선이 내게 곡주 한 잔 어떠냐 한다

한 잔 술에 취선(醉仙)이 되어
천문산에 오르니
눈 아래 운해 비경이 바람결 따라 흐른다

불어갔다 불어오는 바람을 타고
사라졌다 살아오는 변화무쌍한 봉봉이여
정녕 신선의 발길만 닿을 수 있는 무릉이더냐

운무 속에 제 모습을 감추었다
바람결에 한 자락씩 내보이는
꿈결 같은 신비한 풍광들이여

귀곡잔도 유리잔도 운해에 탄성을 지르다
경건하게 천문산사 앞뜰에 서니
수천 리 펼쳐 놓은 눈앞의 운해는 또 무엇인가

한평생을 살아도
장가계 너의 풍광들을 보지 못했다면
백 년인들 어찌 제대로 살았다 하겠는가

신선이 권한 곡주 기운이 온몸에 번진 것인가
천문을 열고 들어선 내 몸이
흐르는 운무를 타고 올라 운해 위를 거닌다

풍경이 있는 계곡
-아모르전 루벤갤러리에서-

도화지에 산을 그리면
나무들이 하나 둘 들어와 앉고
졸졸졸 계곡물이 흐른다

바위에 걸려 넘어진 바람 앞에
나뭇잎이 때때로 물살을 놓치기도 하지만
산새들은 하늘을 유유히 날아가고

하늘을 담은 연못에는
버들치들 지느러미 따라
햇살이 반짝반짝 미소를 풀어 놓고

길 가던 행인이 발을 담그니
햇살 타고 놀던 버들치들이 다가와
행인 발을 간질인다

우기(雨期)를 건너가는 수련(睡蓮)

우기(雨期)를 건너가는 길목에
자비(慈悲)의 꽃길 열리는가?
잔잔한 바람에 고요히 일렁이는 수련(睡蓮)이여

씨엠립 연못 구름 속에
가부좌를 틀고 있는 고아(高雅)함은
내 마음을 열어주는 명상(冥想)의 문(門)

파문(波紋)이 번져올 때마다
내 가슴에
꽃길 환히 열린다

*씨엠립 : 캄보디아 공항

사랑의 노래
-최은주 화가 전시회에서-

I feel It Coming

화폭에서 그리움이 피어나면
나는 사랑의 세레나데를 꿈꾼다

파도 타고 전해오는 푸른 너의 노래
해바라기 꽃잎 타고 전해오는 노란 너의 노래

내 눈에 보이는 너의 노랫빛은 사랑이다
내 귀에 들리는 너의 노랫말도 사랑이다

그리움의 들판을 불어가는 바람이여
원색의 꿈을 빚는 고전의 바다여

화폭의 사랑이 가슴으로 녹아들 때마다
내 마음은 새가 되어 그리던 하늘 향해 날아간다

I feel It Coming

경춘선 타고 가는 봄

봄이 나를 데리고 경춘선에 오르면
철없이 나는 봄을 안고 설렌다

봄바람에 육중한 몸 가벼이 흔들며
산을 지나고 강을 건너가는 경춘선 열차여

너는 아직도 내 가슴에 노란 산수유꽃 피워 놓고
흰나비 너울너울 찾아 들게 하는구나

차창에 매달린 겨울 잔상 지우고
메마른 나뭇잎 소리 떨치고
언제나 춘천의 봄을 꿈꾸게 하는 너

청춘을 실어나르던 너도
북한강 기슭에서 비상을 꿈꾸던
백로 왜가리들의 날갯짓을 알고 있었구나

내가 안고 가는 봄이 경춘선 따라 달릴 때
나를 데리고 가는 봄은 철길 위에
소보록하니 노란 미소를 풀어놓는다

산토끼

이른 봄 햇살 타고 도봉산을 오르다가
바위에 앉아 홀로 봄볕을 즐기니
옆구리를 가만히 비벼오는 산토끼 한 마리

햇볕 좋은 제 자리 내가 범한 걸까
슬쩍 비켜 자리 열어주니
당연하단 양 자리 잡고 두 볼을 비비며 나를 바라본다

겁 많다던 토끼 두 눈에 두려움 하나 없어
먹던 배 잘라 손바닥에 놓으니
얼씨구 요것 봐라
내가 제 벗인 양 편안히 식도락에 빠진다

오호라 얼쑤, 얼씨구나 지화자로다
기별도 없이 날 찾아온 이 친구
시원한 배 달콤히 먹고 나면
바람에 봄볕 타서 햇살차까지 한 잔 대접해야 하나

산까치도 북한산도 그러면 좋겠다 한다고
능선을 불어 넘어온 바람이 내 귓가에 전할 때
봄눈 틔우는 나무들도 맑은 눈짓으로 그러자 한다

소사나무를 보며

파랗게 자라던 시간이
노랗게 물들어 떨어지는 초겨울

싸늘한 바람이 그려내는 풍경은
근심 걱정 다 잊은 열락(悅樂)이다

햇살이 비칠 때마다
해맑게 웃음 짓는 너

쓸쓸한 내 마음을
노랗게 물들이는 너는
황홀한 축복이다

가지 않아도 겨울로 흘러들어
봄을 기다려야 하는 나는
햇빛 쨍쨍한 한낮이 그립다

반야사에서

배롱나무 향기 안고
공중을 오르는
내 마음

반야천 따라 발길 닿으면
그 마음
월류봉 달빛으로 흐를까

털어내지 못한 마음이사
노오란 달맞이꽃 앞에
서성이게 남겨두자

흐르는 밤 타고
풀여치 울음소리 다가오고
산사의 밤바람 타고
배롱나무 향기 은은히 번져올 테니

제2부
바람 부는 황토현

조팝꽃 필 무렵

새벽하늘도
지상도
하얀 별천지다

저녁을 굶고
새벽을 건너온 순이의 마음일까

별들이
글썽이던 눈물을 바람에 씻는다

아침이 오면
더 가벼워진 순이의 몸

들로 나서는 바구니에
허기진 시간만 조팝꽃처럼 소보록하다

단풍나무 비탈에 서다

장안선사 지나
장안산 오르는 길

임도 곁 낭떠러지
비탈에 선 단풍나무

위태롭게 안전한
저 아름다움을 어찌할거나

아뜩한 비탈에
수직으로 선 저 자태

햇살의 비명들이
따갑게 눈을 찌르는 한낮

능선의 억새들도
저마다 머리 풀고
비탈에 선 단풍나무를 바라본다

아라뱃길

넘실거리는 천년의 꿈이여
출렁거리는 천년의 삶이여

눈 부신 햇살 아래 서울의 꿈이 서해로 향하고
서해의 꿈이 서울로 흘러드는 지금

개화에서 오류까지 오류에서 개화까지
은빛 물결 따라 번져가는 것은
고려의 웅혼(雄渾)이더냐 조선의 맥박(脈搏)이더냐

서해를 흘러 동지나 해(海)를 건너서
인도양 대서양 태평양을 돌고 돌아
한반도로 다시 흘러들 국운(國運)이더냐

바다를 가슴에 품은 아라뱃길 물결 속에
포항 부산이 그림처럼 보이고
넘실넘실 인천항 그 물길 너머
칭다오 베트남 러시아가 두 눈에 살아오면

청둥오리 쌍쌍이 헤엄쳐 가는 물길 따라
아라아라 푸른 물결 두둥실 일렁거리고
아라아라 꿈을 찾아 열리는 원대한 아라뱃길이여

신탄리역에서 부르는 노래

산 능선 넘어가
큰 양푼에 산채비빔밥 가득 비벼
숟가락 부딪히며 함께 먹고 싶고
강줄기 따라가
이빨 빠진 대접에 동동주 넘치게 따라
노래 불러제끼며 한 잔 하고 싶은 친구들아

철원평야 내려다뵈는 고대산에 오르면
백마고지 전적지 포성이
멀리서 벌거숭이로 부옇게 일어나고
까닭 없이 총부리 겨누던 원혼들의 아비규환이
금강산을 향해 포효하는 표범 폭포 물바람 속에서
떠도는 검은독수리 떼 울음소리로 살아오지만

친구들아 그럴 때면
우리 모두 신탄리에 모여
잘 익은 묵은 지에 손 두부 한 점씩 서로 얹어주며
그간 못 나눈 정 마음껏 나누어 보자
바람처럼 네가 나에게 불어오고
강물처럼 내가 너에게 흘러가서
하나로 만나 이 땅을 노래해야 할 친구들아

궂은 날 좋은 날 할 것 없이
신탄리 욕쟁이 할머니 집쯤에서
우리 한 번 모여
넓은 철판 가에 빙 둘러서서
미움도 증오도 사랑으로 불피우고
뜨거운 눈물 글썽이며 웃음꽃 피워보자

우리가 풀어 놓은 아픔과 슬픔이
철판 위 생삼겹처럼 고소한 사랑으로 익을 때
달리고 싶은 철마처럼 신탄리를 살아온
욕쟁이 할머니의 정겨운 욕도
맛깔스런 고대산 고사리나물이나
시큼털털 생침 도는 청무 잎에 살짝 얹어
마파람에 게 눈 감추듯 먹어 보자

얼굴도 이름도 모르는 그리운 친구들아
회한의 눈물로 핀 애기나팔꽃이
오가는 사람들 향해 말없이 웃어주고
통한의 녹물 속에 핀 둥근잎유홍초가
그리웠다며 바람 속에서 가만히 손 흔들어주는

야생초 흐드러지게 피어 있는
철도 중단 역 신탄리 그 철길을
구름 그림자 따라 우리 함께 걸어 보자

출장 간 신(神)

오십 줄이 되어서야
소록도에 찾아온 내 눈은
평지에서도 허둥대고 있었다

신도 이곳에서만큼은 허둥댔던 것일까
그 어디를 둘러봐도 신의 흔적은 없었다
적어도 이곳에만큼은 있어야 할 텐데
신의 흔적 같은 것은 도무지 없었다

바닷바람 맞으며 소나무 향나무 영산홍 곱게 자란 속에
씻고 씻어내도 씻어지지 않는 슬픔을 안고
바다도 숨죽여 떨었을 속울음을 토했을 사람들이여

햇빛과 바람과 바다는
오늘도 자연의 섭리를 저리 말하는데
신은 출장을 떠났다 되돌아오는 길을 잃었는지
단종대나 적벽돌 틈새 그 어디에도 흔적이라곤 없었다

돌아와야 할 신은 오지 않고
어디든지 떠나가야 할 사람만 남아 있는 소록도여

구두

어둠이 내리면
어둠은 어둠대로 묻고 살자

삶의 한 켠으로 눈 부신 빛이 살아온들
삶의 광채를 잃어가는 네 살갗에
스멀스멀 빛들도 뒷걸음쳐 달아나지 않느냐

번쩍번쩍 빛내며
당당히 새벽을 걸어 나가는 네 코끝 위로
툭툭 채이던 돌부리의 아픔을
너는 신음으로 삼켜보지 않았더냐

번쩍거리는 빛이 오히려 낯선 너
비 내리는 아스팔트 위를
비틀비틀 돌아오는 너의 무거운 발등을
나는 마른 수건으로 닦아주고 싶었다

아니, 젖은 손수건으로
돌아누우며 눈물 흘리는
고단한 네 아픔을 닦아주고 싶었다

오늘도 새벽을 걸어 나갈 준비를 하는 너
너는 지금
어둠에 묻혀 절망하고 있느냐
어둠을 품고 부활을 꿈꾸고 있느냐

새벽 공기(空氣)를 흔들며
현관문 앞으로 신문이 툭 던져질 때
신발장 앞에 웅크린 너의 콧등 너머로
첫차 소리 들려온다

교동향교에서

바람아, 맵찬 바람아
향교 흙담을 서성이는 스산한 바람아

명륜당 앞마당 반석은 먹빛을 머금은 채
9백 년 역사를 저리 말하고 있는데
너는 어이 화개산을 불어 넘어가지 못하느냐

섬돌을 오르내리던 발자국 소리는
동진포구 파도 소리로 피어나
아직도 서울로 향하고 있는데
바람아, 너는 그 푸른 꿈이 애닯지도 않느냐

파란 하늘을 가슴에 품고 향교 뒤뜰을 살아온 은행나무는
오늘도 읍성을 굽어보며 민초(民草)들의 삶을 회억하는데
바람아, 너는 왜 마른 풀잎들만 그리 흔들고 있느냐

바람아, 이제 너는 쓸쓸한 대성전 앞마당을 불어가
숨죽여 엎드린 화개산을 넘어가야 하리
소나무 숲을 지나 강화 앞바다를 출렁출렁 건너가야 하리

지하철 풍경

마주 앉은 일곱 명

책 보는 사람 하나
조는 사람 하나
뚫어져라, 휴대폰만 보는 이 다섯

오른쪽 칸을 봐도
왼쪽 칸을 봐도
다를 게 별반 없다

어두운 빛을 쫓아 끝없이 자판을 찍어대는
아, 저 혁명적인 소통의 단절이여

밀고 찍고 넘기며
넓은 세상 바삐 찾아다닐수록
오히려 좁은 세상에 갇혀가는 그대들이여

따뜻한 표정
하나 둘 놓치며 살아가는구나

눈 마주칠 사람 없는
참 편안한 세상이여

한 치 혀

한 치 혀에 돌을 달아라
마른 바람에 푸석푸석 일어나는 먼지처럼
입안을 떠도는 무수히 많은 건조한 언어의 조각들이여

마음에 상처를 남긴 삼키지 못한 언어의 파편들이
햇살을 부유하는 분진이 되어
목 안을 따끔따끔 잠식해 드는 오후

미숙한 의식을 풀어내는 한 치 혀여
아담의 사과를 손에 쥘 수 있다면
너는 한 치 혀 날름거리는 뱀이어도 좋다

그러나, 마음의 혼돈만 불러올 것이라면
차라리 한 치 혀에
돌을 달아라

언어의 혀에 무거운 맷돌을 달고
황금보다 무거운 침묵이 되어라

바람 부는 황토현

녹두꽃 자지러지게 피면
그리운 녹두장군 돌아올거나

죽봉(竹棒) 끝 바람을 타고
황토현 함성이 다시 살아날거나

말목장터에서 피어난 숨결 데리고
흙먼지 일으키며 불어가던 바람아
황토잿길 마른 풀잎을 흔들어 깨우던 너의 외침이
오늘 나는 몹시도 그립구나

둥근 세상을 하나같이 꿈꾸며
사발통문에 새기던 거룩한 이름들이여
황토잿길에 핀 녹두꽃이 하늘빛에 닿으면
파랑새는 고부 들판을 훨훨 날아오르겠지

그리운 녹두장군의 꿈을 날개 위에 싣고
전주성을 지나 서울 하늘로 날아오르겠지

바람이 되고 싶은 철마

녹슨 철길 위를 불어온 바람아
중단의 철길 부여안고 흐느끼는 바람아

마른 들꽃 꽃잎을 쓰다듬으며
신탄리 들녘을 불어온 너도
고대산 높은 봉 앞에서는 머뭇거리는구나

산 너머 햇살 아래
북쪽 하늘은 저리도 눈부시게 고운데
기차는 오늘도 동두천을 행해 서 있구나

발길 묶인 신탄리 중단 역에서
무거운 가슴 억누르며
그날을 기다리는 녹물빛 사랑이여

반백 년이 넘게
오도 가도 못하는 실향의 아픔이
아직도 그리움 되어 한탄강으로 흐르나

원산의 푸른 하늘을 노래하는 철마여
평강과 안변의 산하를 꿈꾸는 네 눈빛 속으로
이 땅의 바람은 오늘도 불어간다

카센터 황 씨 작업복

옷에 절은 기름때는
손빨래를 해도 세탁기를 돌려대도
뼛속에 박힌 고단함처럼 좀처럼 빠지지 않았다

몸에 밴 가난의 슬픔이사
들숨으로 삼켜 잘게 뱉어내면 되지만
작업복에 묻은 얼룩은
뜨거운 눈물 쏟으며 빨아도 지워지지 않았다

쪼그려 앉았다 일어섰다 누웠다
닦고 조이고 기름을 쳐도
황 씨 생활은 조금도 매끈해지지 않았고
작업복 곳곳에 짙은 얼룩만 늘어 갔다

기름기 절은 황 씨의 손기술 끝에서
강바람 일으키며 눈부시게 달려가는 자동차여
황 씨 작업복에 배인 기름때는
그 언제나 강 물결에 흘려보낼 수 있을까

오늘도 황 씨는
기름기 가득한 삶의 훈장을
굵은 땀방울로 물들인다

진달래 능선을 불어온 바람아

진달래 능선을 불어온 바람아
나는 너와 함께
하얀 밤을 건너고 싶다

산사의 나무들도
능선을 넘어온 너의 손을 맞잡고
나의 발길을 재촉하고 있지 않느냐

떠돌다 눌러앉은 곳이라 할지라도
누구든 또다시 떠나야 한다는 것을
바람아, 너는 이미 알고 있었구나

초저녁 별을 멀리 바라보다
나의 옷깃을 가만히 흔드는 추녀 끝 풍경소리는
언제나 나를 깨어있게 하는 너의 마음이었구나

저무는 시간, 서러운 눈망울이사
산을 넘어가는 옅은 햇살에 기대면
황홀한 노을로 물들어 갈 수 있겠지만
그 어디로도 떠나지 못하고
마른 들꽃 자리에 하얗게 머무는 저 바람은 어이할거나

갈잎 사운대는 마른 가슴 위로
촉촉한 눈물 바람 한 자락 쏟으면
산짐승들 소리도 애닯지 않으련만
한낮의 삶의 무게 견디지 못하고
긴 밤의 외로움을 찾아 떠나는 바람 앞에
오늘도 내 가슴 시리다

어스름 깔리는 시간
네 발길 위로
컴컴하게 눕는 산 그림자가
글썽이는 내 눈물 속에 실루엣처럼 흔들린다

마지막 황손

그대의 잔잔한 웃음 속에
고요히 숨어 흐르는
못다 한 제국의 숨결이여

버릴 수 없었던 운명이
황실의 마지막 꿈으로 남아
오늘도 그대는 부활의 몸짓을 하고 있는가

승광재 앞뜰에 서성이는 바람은
아직도 황손의 맥박 속에 남아 흐르는
5대양 6대주를 향한 제국의 꿈을 기억하고 있으리

절망과 분노의 한숨을 삭여
비둘기집 노래를 속 어금니 깨물며 부르고
그렇게라도 노래 부르지 않을 수 없었던
마지막 황손의 눈물 어린 삶을
바람은 지금도 기억하고 있으리

바람아, 너만은 알고 있어야 하리
다정하고 평화로운 황손의 노래는
명성황후의 원한을 노래한 비극의 반증임을
고종황제의 운명을 노래한 애달픔의 역설임을

오오, 대한제국이여
꽃피우지 못하고 쓰러져 간 대한제국이여
역사 앞에 기어이 등 돌린 마지막 황손의 제국이여

도리질하는 시대 앞에
분노의 눈물 삼키며 죽음을 꿈꾸다
전주한옥마을 앞마당에
오늘을 살아 숨 쉬는 애달픈 왕조의 화신이여

피어나야 하리
부디 맑은 햇살처럼 그대 피어나야 하리
하여 승광재 담을 불어 넘어가는 바람을 타고
지상 끝닿는 곳곳마다 훈풍으로 머물러야 하리

제3부

들꽃

꽃눈물

설움에 젖은 꽃이
비바람에 나부끼는 밤
흔들리는 꽃이 어찌 바람 때문만이랴

그리운 마음이
빗물을 타고 흐르는 밤
흐르는 눈물이 어찌 설움 때문만이랴

서러움에 젖어 우는 너는
나의 꽃
그리움에 젖어 우는 나는
너의 꽃

설움이 그리움 되어 소용돌이치는 밤
꽃눈물 짓는 나의 사랑을 위해
밤의 소곡 하나 지어다오

내 가슴 속에
서럽게 아름다운 사랑의 보표를
꿈처럼 새겨다오

들꽃

들꽃과 마주해
점심을 했습니다

들꽃 향기에 취해
내 마음도
가을 단풍이 되었습니다

들꽃 눈망울에는
맑은 햇살과
따스함이 흐릅니다

보고 또 보아도
삶의 향기 가득한 들꽃이
나는 좋습니다

숨죽여 우는 밤

숨죽여 우는 밤에도
너는 오지 않았다

나의 기다림은
방문을 열고 대문을 향하는 데도
너의 발소리는
어디에서도 끝내 들리지 않았다

두고 가는 마음이사 오죽하랴만
남아서 우는 이의 이 밤을 어찌하랴

아침을 지나 저녁 강에 내리는 밤이 나는 싫다
검게 출렁이는 밤 물결이 싫고
너 없이 홀로 강을 건너야 하는 것도 나는 싫다

부디 너는 오너라
숨죽여 울던 눈물 삼키고
새벽빛으로 너는 어서 오너라

무수한 저 별들도
밤새워 너를 기다리고 있지 않느냐

섬

섬!
섬!
섬!

밤새
나는 어둠을 떠다니는
섬이었네

그리움 안고
불면으로 떠도는
섬이었네

뭍을 향해
달려가고 싶지만
발 닿지 않는 해저(海底)

길고 긴 밤
나는 부초(浮草)처럼 떠다니는
섬이었네

바람 부는 성산포

성산포에 바람이 불면
하늘보다 푸른 그리움이 쪽빛 바다가 되어
내 가슴을 물밀어온다

너의 그리움을 안고 살다
이제 나도
그리움을 안고 사는 성산포가 되었다

너의 사랑을 키우고 살다
어쩔 수 없이 나도
그 사랑에 몸부림치는 성산포가 되어버렸다

못 다 내쉰 한숨을 해저 깊이 묻어 놓고
오늘도 출렁이는 성산포여
지울수록 또렷이 되살아오는 그리움을 어찌할 수 없어
너는 오늘도 파도로 부서지며 통곡하는 것이더냐

그리워 그리워서 파도 소리로 울다
그 소리 삼켜 다시 파도로 우는 성산포여
아아, 서러운 내 사랑의 향기여

죄인(罪人)

사랑하지 않은 죄가
가장 큰 죄라면
나는 당신에게 죄(罪)지은 게
하나도 없습니다

당신에게 죄(罪)지은 게 없어도
나 당신 앞에
죄인(罪人)이어야 한다면
그냥 나는 죄인(罪人)입니다

당신을 사랑하면서도
사랑이 뭔지 잘 모르기에
당신을 사랑한 나는
구제할 수 없는 죄인(罪人)입니다

긴 밤을
뜬눈으로 지새우는 나는
당신을 사랑한 죄밖에 없는
죄인(罪人)입니다

손난로

주머니 속에서 하얀 그리움을 만지면
가슴 속으로 전해오는
따뜻한 너의 마음

겨울 공기(空氣)를 뚫고
너의 따뜻함이 내 마음에 흘러들었다면
그것은 바라만 보아도 가슴 따뜻해지는
너의 눈빛 때문이었으리

손끝을 타고 흘러든 너의 온기가
함박눈 되어 내 마음을 녹여줬다면
그것은 생각만 해도 가슴 포근해지는
전설 같은 너의 마음 때문이었으리

오오, 장갑 속에서 발열하며
부활을 꿈꾸는 하얀 그리움이여
나도 따뜻한 손난로가 되어
너의 마음 녹여주는 그리움이 되고 싶다

그리움

만날 수 있는 것은
그리움이 아니다
그것은 보고픔이다

그리움은
만날 수도
볼 수도 없는
슬픔이 피워내는 눈물꽃
애간장 태워 피워내는 한숨꽃

그리움은
무음(無音)의 통곡(痛哭)이다

빗물 머금은 능소화여

능소화여
빗물 머금은 능소화여

젖은 바람이 흐를 때마다
너는 한 줄기 바람에도
붉은 눈물을 뚝뚝 흘리는구나

오늘도
어스름은 깔려오는데
비 내리는 길고 긴 이 밤을
나 어이 건너랴

너의 가슴에
붉은 사랑을 피워낸 나는 서럽다
너의 입가에
환한 웃음 짓게 하던 나는 눈물겹다

능소화여
뜨거운 눈물 흘리는 능소화여

서럽게 눈물짓는 너를
그저 바라만 봐야 하는 나는
낮게 내려앉은 잿빛 하늘이 싫다

꽃잎 진 빈자리로
차갑게 불어갈 젖은 바람이 애처로워
지금 나는 서럽다

담장을 타고 오르는 너의 꿈이
푸른 하늘에 맞닿을 때까지
너를 설레게 바라보던 나는 지금
애절한 시간에 젖은 하얀 빗물

능소화여
눈물 가득 머금은 능소화여

오늘 밤 나는
불면으로도 다스릴 수 없는
그리운 시간을 부여안고
비 내리는 길고 긴 이 밤을 건너야 한다

밝게 퍼지는 햇살 속에서
바람 타고 벌 나비와 함께 즐거이 춤추는
해맑은 너의 모습을 만나기 위해

숨어서 울던 시간은 모두 떠나보내고
만나서 웃는
너와 나의 애틋한 시간을 노래하기 위해

그림물감

그림물감 풀어 놓고
어딜 갔느냐?
너는

팔레트 칸칸이
총 천연 슬픔만
가득하다

샛노란 하늘이여!
시퍼런 가슴이여!
피눈물의 강물이여!
어이 할거나

오늘도
하이얀 도화지 위로
네 붓은 지나지 않고

물감 채 스미지 않은
네 붓끝을 따라
눈물 속에 살아오는
해맑은 너의 얼굴

풍차

언제나
파도 소리에 젖어 사는 몸이여

오늘도
바람의 언덕에 서서
나는 너를 기다린다

바람이 불어갈 때마다
억새들은 기다림에 지쳐 하얗게 울어대지만
나는 푸른 파도를 타고 올 너를 꿈꾼다

망망대해 바라보며 한 발자국도 떼지 못하고
해풍이 쓸어주는 시간을 추억하는 것은
바람만이 알고 있는 너와 나만의 애틋하고 투명한 사랑이
해금강 은빛 햇살로 다시 피어나기를 꿈꾸기 때문이리

해풍에 이마 씻으며 바다를 노래하고
마음속에 해풍을 일으켜 드넓은 바다를 꿈꾸면서
넘실대는 파도처럼 꿈으로 일렁거리던 우리

하늘을 머리에 이고
눈빛 맑은 너를 무한히 꿈꾸는 나는
아쉽고 그리웠던 순간들을 찾아
끝없이 해풍 속을 돌고 도는 풍차

오늘도 나는 바람의 언덕에 서서
끝 모를 그리움을 안고
바람이 전해주는 천상의 네 목소리에 젖는다

나의 별은 그 별자리에 그대로

그리운 나의 사랑아
별이 보이지 않아도 별은 그 별자리에 있듯이
네가 보이지 않아도
내 가슴 속 너는 변함없이 그 자리에 있지

이 밤, 나는
너를 보내지 않고 보내는 법을
밤새도록 골똘히 생각해 본다

고요히 잠든 처마 밑 참새와
능소화 꽃잎 속 꿀벌들이
밤마다 밤공기 흔들지 말고 잠들라 내게 말하지만
오늘도 내 마음은
밤공기를 뒤흔들며 너에게로 향한다

어둠이 짙게 묻은 바람이 불어가고
이슬에 젖은 어둠이 내려도
추억을 밟고 살아오는 애틋한 나의 사랑은
잠 못 이루는 밤을 이끌고 너에게로 향한다

밤이 깊어갈수록 도봉산이 잠 짓을 하고
북한산이 내게 자장가를 들려줘도
무수한 밤을 뜬눈으로 지새우는 나

별이 보이지 않아도 별은 그 별자리에 있듯이
네가 보이지 않아도
내 가슴 속 너는 변함없이 그 자리에 있지

그리운 나의 사랑아

태풍의 눈이 되어

눈이 있다
보이지 않는 거대한 눈이 있다

그러나 모든 것을 꿰뚫어 보는 눈
눈동자 없이도 갈 길을 뚫고 가는 눈
길이 없어도 길을 내며 거침없이 가는 눈

나도 그렇게 너에게 가고 싶다
해로가 없으면 바닷길 내고
육로가 없으면 뭍길 내어
그리운 너에게 가고 싶다

길이 길 따라가는 그 길 버리고
아무리 헤매이더라도 길 없는 길 찾아
새로운 길 내며 그리운 너에게 가고 싶다

그립다
보고 싶다
백 마디 말보다
그냥 너에게 가고 싶다
태풍의 눈이 되어 너에게 가고 싶다

더없는 시속으로 너에게 달려가
네가 꿈꾸는 아름다운 숲에서
비로소 고요히 멎은
태풍의 눈이 되고 싶다

귀뚜라미

밤늦은 귀갓길
귀뚜라미 울음이
내 발길을 붙든다

콘크리트 벽 사이에서
누가 그리워
저리 절절이 우는 걸까

아스팔트 골목길 위 나는
절절한 그리움을 안고도
귀뚜라미처럼 소리 내어 울지 못하고
속으로 울음 삼킨다

밤바람이 내 어깨를 토닥이며
서러운 마음 어뤄 만져 주고
도봉산도 나를 근심하다
밤바람에 눈물 씻으며 어둠에 얼굴 묻는다

귀뚜라미여
이 밤, 나도 운다
그리움에 운다
너처럼 소리 내어 한없이 운다

밤낮없이 그리운 나의 사랑이
흐르는 눈물 타고 내게 오도록
소리 내어 밤새도록 운다

귀뚜라미여
골목길을 흔드는 귀뚜라미여
온 동네를 뒤흔드는 귀뚜라미여

제4부
누님의 기도를 위한 나의 노래

온돌

한지에 스미는 바람과 방바닥 온기가
내 몸을 통해 만나면
추억들이 설설 피어난다

정자 앞 우물가에 달빛 흐를 때
도란도란 안방에서 흘러오는 이야기가 궁금한지
마당 어귀에서 졸고 있던 저녁 바람이 손 비비며 걸어와
살며시 문풍지 젖히고 귀 기울이면
낙엽송 위에서 밤새도록 울어대던 부엉이

형광등 불빛 대신 호롱불 심지를 몇 번씩 돋우며
홑이불 덮고 옹기종기 발모아 둘러앉아
입가에 홍시 벌겋게 묻혀가며 먹거나
잉걸불에 구워낸 뜨거운 군고구마 깔깔대며 먹으면
다들 그만 자라고 아버지는 연신 헛기침을 해대지만
살며시 문을 열고 동치미 한 사발 넣어주던 어머니

한지에 스미는 바람과 방바닥 온기가
내 몸을 통해 만나면
무수한 추억들이 밤새 설설 끓는다

어머니의 메밀밭

메밀꽃을 보면
내 고향 장수 외림리가
그림엽서처럼 살아온다

새청거리 동구 밖
달빛 흐붓이 흐를 때
바람결 따라 한밤의 축제를 벌이던
꿈의 메밀밭

아아, 어머니는 소나무 숲 한 켠에
맑은 별들을 무한히 초대해 놓고
바람결에 꿈을 노래하며
서러운 가을밤을 하얗게 건너고자 하셨던가

목청껏 뽑아내지 못한 삶의 가락을
붉은 대공 위 하이얀 메밀꽃으로
숨 막히게 피워내시던 어머니

하이얀 메밀꽃을 보면
그리운 어머니의 맑은 숨결이
내 가슴 속에서 한없이 피어난다

호미

외딴 시골 마을을 지날 때
문득 눈에 들어오는
벽에 걸린 녹슨 호미

바람이 헤집어놓은 햇살을 타고
유년의 끝을 따라가면
은빛 호미 날 끝으로 어머니의 손발이 살아온다

선산 긴 밭을 매고 일구느라
닳고 모지라진 어머니의 손발
더 닳을 게 없어 흙 한 겹 덧씌우고
골을 타고 씨 뿌리며 김을 매던 어머니

꿈결인 듯 아닌 듯
아직도 귓가에 쟁쟁한 어머니의 메마른 호미 소리
아아, 나무껍질 같은 손길 속에서
어떻게 어머니는 나를 토실한 애벌레처럼 키우셨을까

갈라 터지던 어머니 손발에 감긴 흰 반창고가
노을보다 더 붉은 핏빛으로 물들어갈 때
나는 그만 당장
꿀 따러 넓은 들판으로 날아오르는
한 마리 꿀벌이 되고 싶었다

장모님의 꽃마당
-어느 초가을, 옛집을 그리며-

하늘이 바람에 씻긴 날
흙담 길 끼고돌아
고향 집 마당에 들어서면
꽃길을 만들어 놓고 반기시는 장모님

금잔화 눈망울들 바라보며
긴 기다림을 안고 백일홍을 키워내는 장모님은
키 큰 맨드라미로 서서
우리들의 추억과 우애를 지켜주시는 파수꾼

부추 고수 무 배추 상추
조 수수 토란 고들빼기 파까지
꽃 마당 가운데 정갈하게 심어 놓고
맑은 꽃향기로 살뜰히도 키워내신다

팍팍한 서울 길 꽃향기 담아 가라고
국화 향 흐르는 흙 돌담 아래서
한 잎 두 잎 꽃잎 개어
김장김치 고들빼기김치를 깔밋하게 담으신다

감돌개

가슴에
파란 꿈을
품고 살지요

머리엔
노란 리본도
예쁘게 달고요

꿈을 키우느라
꼭지에 힘을 모을 때면
노란 리본이
톡! 톡!
떨어져 나가기도 하지만

무럭무럭 자라는 내 꿈을 보고
햇님이
살포시 어깨를 토닥여 줍니다

안부

달나라는
안녕하겠지

두둥실
팔월 한가위 달빛이
온 세상을 밝게 비춰주는 밤

별나라도
안녕하겠지

초롱초롱
눈 밝히며
은하가 은하수를 건너오는 밤

긴 밤
달나라 별나라에 갈 수 없어
달을 품고 별들만 헤인다

오월의 덕유산에서

가슴에 덕유산을 품고
신록처럼 살아가는 고향 사람들을 보면
나도 문득 오월의 덕유산이 되고 싶다

덕유산 햇살과 나의 꿈이 맞닿을 때면
토옥동과 참샘골에 발 내리고 선 무지개처럼
찬연히 피어나고 싶어 했던 나의 유년

어머니와 함께 도시락을 먹던 곳에서는
입맛을 돋우던 추억의 곰취가 자라나고
친구들과 깔깔대며 더덕 돌 구이 굽던 곳에서는
고추장 된장 깊은 맛이 아직도 생침으로 도는 오월

어릴 적 아버지의 숨결을 타고 흘러
산 대숲에서는 댓소리를 담은 푸른 바람이 되고
싸리 숲에서는 싸리꽃들을 쓸어주는 아침 햇살이 되어
고향 집 앞마당과 마을 골목골목을
친구들과 함께 시원하게 쓸어놓고 싶은 마음

산길 굽이굽이 돌아 오르며
덕유산을 닮아가는 고향 사람들을
하나 둘 셋 떠올리면
나도 문득 덕유산 같은 사람이 되고 싶다

마이산에 부는 바람

바람이 남긴 자락이더냐
하늘이 빚은 형상이더냐

화석을 남기고 떠난 민물고기 떼는
중생대 물결을 가르며
백악기 바다 어디까지 헤엄쳐 갔을까

오늘도 마이봉을 불어가는 바람은
전설 같은 탑사의 이야기를
진안 들녘 푸른 물결로 대신 들려주고 있는 것인가

수마이봉 풀섶과 암마이봉 나무들이
초록으로 깊어가는 진안 산하를 굽어보며
금척을 받던 조선 태조의 신이(神異)한 꿈 얘기를
쉼 없는 바람 소리로 내게 들려주었다

두 귀를 쫑긋 세운 마이산도
바람에 실려 오는 법고 소리를 들으며
몇억 년이 흘러도 은수사 샘물처럼 살라고
웅장한 몸짓으로 내게 말없이 말하고 있었다

누님의 기도를 위한 나의 노래

새벽을 타고 아침햇살로 번져와
내 가슴 환하게 열어주는
누님의 기도는 나의 사랑입니다

보고픔을 그리움으로 달래며
군산에서 서울로 향하던 누님의 마음
간밤에 그 마음을 보았다는 북한산 달이
나의 창문에 그 마음을 달빛으로 환하게 뿌려주었습니다

아침마다 동생을 생각하는 누님의 마음을
나는 누님이 보내온 문자에서 느낍니다
하루도 빠짐없이 아침을 날아오는 누님의 문자와 영상 속에서
나는 누님의 숭고한 사랑을 봅니다

문득 누님이 그리워 찾아가면
내 좋아하는 간장게장 간재미찜 아구찜
고들빼기 파김치 고추잎무침 고수쌈밥을
조기탕에 된장게국으로 한 상 가득 차려내고도
떠나는 동생 발길이 아쉬워
짐짐이 먹거리 잔뜩 싸주는 누님의 마음

일 핑계로 짬짬이 안부 전화도 자주 못 하는 내가
혹여 끼니를 놓쳐 몸이라도 상할까 봐
슬픔의 수렁에 잠긴 내가 영영 헤어나지 못할까 봐
아침마다 희망의 메시지를 띄워주는 햇살 같은 우리 누님

아무런 것도 해드린 것 없이
그저 받기만 한 누님의 고귀한 사랑 앞에
오늘 나는 맑게 피어나고 싶습니다
북한산 달이 전해준 맑고 고운 그 사랑을 키워
창문을 비추는 아침햇살처럼 투명하게 피어나고 싶습니다

겨울 향적봉에서

햇살을 풀어
칼바람으로 그려내는
은빛 물결이여

내려다뵈는 산하는
한 폭의 수묵화처럼
깊은 명상에 잠겨 있구나

천 년을 살고도
죽어 천 년을 사는 주목이여
맵찬 바람 속에서도
너는 한 올 흐트러짐 없이
파란 하늘을 경배하고 섰구나

전신을 분장하고
눈꽃 축제를 벌이는 덕유산 나무들은 알겠지
무더운 여름날 노랗게 웃어주던 원추리와
소슬한 가을날 하얗게 웃어주던 구절초들이
눈 속에서 맑은 숨 틔우고 있는 것을

오늘도
해발 1614m 향적봉은
칼바람 속에서도 순백의 미소를 지으며
남대천 버들치들에게 청정한 물줄기 흘려보내고
동남쪽 천왕봉과 남서쪽 마이산을 부르는 지금

아아, 나도 문득
한 그루 나무가 되고 싶다
햇살 속에 맑은 숨 틔우고
바람 속에 눈꽃 춤추는
향적봉의 한 그루 나무가 되고 싶다

월곡역에서
-사랑하는 딸을 배웅하며-

너와 함께
도솔천에서 마주한 점심시간은
우거지시락탕 사골국물 맛처럼 맛깔스러웠다

깊고 구수한 시간을
너와 함께 보내고
월곡역에서 너를 배웅하니
나의 가을 하늘이 눈 시리게 맑았다

찾아가는 꿈의 길이 꿈을 낳고
그 꿈이 다시 꿈을 키워가는
오오, 너의 거룩하고 늠름한 시간들이여
나도 거룩하고 늠름한 시간을 가꾸어 가리

도솔천에서 월곡역을 향해 가는 내내
재잘대는 너의 모습은 나의 웃음
해맑은 나의 웃음은 너의 사랑
경계가 없는
너와의 대화와 웃음이
나는 마냥 고맙고 좋기만하다

월곡역에 너를 내려줄 때
아빠, 땡큐! 하며
오늘도 언제나처럼
스스럼없이 입맞춤해주는 너

너를 키우던 일이
언제나
나를 키우는 시간이었음을 다시금 알것다

밤마실

팔십을 훌쩍 넘긴
이웃집 박 씨 할머니
쌀 튀밥 한 소쿠리 들고 아버지께 밤마실 와

"동상! 오늘 한 자루 튀겨 왔는디 한 번 머그 봐"
"누님! 오늘 겁나기 추운디 장에 가더만 그래 이거 튀겨 왔능교?"
"동상이나 나나 이가 션찮아서 강냉이 대신 쌀로 해왔찌"
"씹을 게 없으니께 우리 나이엔 쌀 튀밥이 최고 아니겠능교? 누님!"
"그렇치? 동상! 하하~ 호호~"
"누님! 목 매치니까 이 무시랑 잡숴봐"

쌀 튀밥 냄새로 버무려진
겨울밤 산골 얘기가
온돌방을 달달하게 달궈내던
그리운 내 고향의 밤마실 풍경

유년의 꿈이 눈을 뜰 때면

내 유년의 꿈이 눈을 뜰 때면
어머니,
아침 뜨락을 이리저리 신나게 뛰놀다
외양간 어미 품에 달려들어
허겁지겁 허기 채우는 송아지 강아지들 모습이 살아옵니다

어머니,
우리 이제
아침상(床) 같이 하기로 해요

열 한 식구 두 밥상
신기하게 뚝딱 차려 내놓고
부뚜막 앞에 쭈구리고 앉아
홀로 아침 들지 마세요

아버지와 할머니의 겸상이
갈치조림을 좀더 쫄였어야 했다 하든
무국이 좀 덜 칼칼했어야 했다 하든 간에
그것은 모자 간의 돈독한 믿음 정도로 여겨두기로 해요

어머니,
색깔 고운 고추가루에 마늘향 묻히고
아침 햇살 속을 깔밋하게 살아오던
부추 채나물 깍뚜기 배추겉절이 그 맛을
오늘, 어머니와 함께 느끼고 싶어요

어머니,
가만히 눈 감고 생각만 해도
입안 가득 침 고이는
파김치 꼬들배기김치 고추장가지부각 그 맛을
지금, 어머니와 한 밥상머리에서 느끼고 싶어요

접을 붙이며

나는 고욤나무
너는 감나무

햇볕 좋은 날
봄빛 마당에서
우리는 운명처럼 만났다

우리 이제 세상의 물관에서
나는 너에게 땅 기운으로 흐르고
너는 나에게 하늘빛으로 흘러야 하리

그리하여
전설 같은 노오란 감꽃 피워내고
꽃잎 진 자리마다 꿈들을 키워내야 하리

하늘을 품고 살아가는 우리 가슴이
그리움으로 붉게 물들어
가을 하늘을 투명하게 비춰낼 때까지

그리고 우리들의 숨결이
푸른 하늘에 눈 시린 까치밥으로 남을 때까지는

제5부

살다가

산비둘기

산행하다 만난
산비둘기 한 마리

적당한 거리를
나와 두더니

막걸리 잔에 날아든 벌
쫓지 않는 나를 보고

한두 걸음 조심스레
그림처럼 다가선다

가만히 손으로 돗자리 쓸어주니
가장자리 밟고 와 곁에 앉는다

청마 들녘 코스모스여

가을은 아직 멀기만 한데
누구를 기다리기에
너는 어이 그리 가냘픈 몸으로
한여름을 걸어 푸른 거제 바다로 향하려 하느냐

청마 들녘 코스모스여
목을 빼고 기다리지 않아도
올 사람은 기어이 오지 않더냐

한없이 하늘거리다
작렬하는 태양에 몸 타 버릴까
기다림마저 뜨겁게 불사르는 그 정열

가을까지 인내하다 피어난 코스모스처럼
너는 정녕 그리 살 수는 없더냐

청마 들녘 코스모스여
아이들의 맑은 웃음을 타고 너의 노래는
청마 들녘을 너머 푸른 파도 소리로 부서지는데
왜 청마 말발굽 소리는 들려오지 않는가

가늘은 목을 빼고
노스텔지어의 손수건처럼 바람에 흔들리며
그리움으로 청마를 부르는 한낮

청마 들녘 코스모스여
바람 따라 일렁이는 너의 노래 따라
창공의 구름도 푸른 해원을 가슴에 품고
코스모스 핀 청마 들녘을 흘러가는데
어이해 기다리는 청마는 보이지 않는가

불일암에서

후박나무 아래
한 줄기 바람 되어 서면

노승의 숨결은
흐르는 물소리처럼
아직 불일암 마당에 남아 있는지

삼나무 향을 타고
먼 듯 가까이 들려오는
댓바람 소리
산사 새 소리

노승이 전하던 소리인 듯해
가만히 두 손 모으니
산나리도 햇살 받으며 합장을 하네

우이암을 오르며

오르막 산길에 아담한 푯말이
길 가는 나를 붙든다

'힘든가요
좋은 기억만 떠올리세요'

봄눈 틔우던 산수유나무는
강바람 타고 봄이 오고 있다며
발 시려 떠는 진달래에게
벌 나비 찾아들던 지난 봄 얘기를
바람으로 전하고 있었다

힘들어도 미칠 만큼 힘들어도
훌라후프 돌리며 입가에 미소 짓게 하던
오롯한 너와의 추억 떠올리며
한 걸음 두 걸음 산길을 오른다

과일 김밥 컵라면 화채를
푸진 햇살 아래 펴 놓고
즐거이 먹던 추억 떠올리며 우이암을 오른다

천왕봉 가는 길

법계사 가는 산길 따라
천왕봉을 오를 때
나뭇잎 흔들며 불어오던 바람아

내 발길 닿는 곳에
맑은 산새 소리 실려 오는
푸른 길 하나 내어다오

그 길 따라갈 때
숨 가쁜 내 발길 가만히 붙들며
지리산 숨소리 들어보고 가라는
산길에 핀 구절초에게 눈인사 건네야지

바람이 열어주는 그 길에서
꿀벌을 모으는 자귀나무 층층나무여
햇살을 곱게 빚어대는 원추리 층층잔대여

너희들의 해맑은 웃음을 보며 나는 알겠다
온갖 새와 짐승들을 품고도
수없이 오가는 사람들까지 다 품어주는
지리산의 넉넉한 그 사랑을
이마를 씻어주는 바람 맞으며 나는 알겠다

햇볕 따가워하면
운무를 휘감은 그늘을 데려오고
지척을 볼 수 없어 발 동동 구르면
청청한 하늘 데리고 산상까지 달려오는 바람이여

햇살과 운무와 비를
순간 몰아갔다 순식간에 몰아오는
신비한 너의 숨결 속에서
사람들의 삶과 소망을 품어주는 지리산처럼
나도 그런 가슴 지니고 한세상 살고 싶다

너의 숨결 속에 자연과 자연이 어우러지고
너의 숨결 속에 자연과 사람이 만나고
너의 숨결 속에 사람과 사람이 정답게 인사 나누는
천왕봉 오르는 길

오늘도
태고의 시간을 찾아가는 푸른 바람이
꽃과 나무와 짐승과 사람들의 숨결을 안고
쉼 없이 산상을 불어왔다 불어가고 있었다

무등산증심사

산새 소리 적막한
고요한 산사 뜨락

백일홍 꽃잎 진 자리에
맑은 햇살이 서럽다

바람 따라 흐르는
법고 소리

떨어진 꽃잎에 스미는
독경 소리

반석 위 꽃잎들
열반(涅槃)에 든다

모아 쥔 손끝을 타고
풍경소리가 하늘을 오른다

청산도

나, 청산도에 살리라
넘실대는 바닷길 건너
파도 소리 들려오는 언덕 그 어디메쯤 살리라

바람 따라 일렁이는
꿈결 같은 유채꽃 물결에 묻혀
하늘에 맞닿는 흥취로 봄의 왈츠를 추고

마음 따라 출렁이는
꿈결 같은 청보리 물결에 묻혀
눈 먼 송화가 풀어내는 서편제 가락에 맞춰 춤을 추고

이따금씩 아기거북이와 은빛 물결 타고 가
범바위가 내려다보는 그 아래
운무 옅은 앞 개 포구 끼고 돌아
청계리 연두빛 봄 들녘을 가슴에 담아 오리

청산도, 청산도야
꿈에 그리던 청산도야
너의 품에 안겨 가슴속으로 파고들수록
내 가슴은 노랗게 달떠 마냥 푸르디 푸르게 뛰누나

땅 기운 흐르는 곳곳마다
눈길 머무는 곳곳마다
내 발길 붙드는 청산도야

그리워 그리워서
의지대로 나는 너를 찾아왔지만
내 의지대로 떠날 수 없는 꿈의 청산도여

수초(水草)의 노래

물에 산다
바람에 흔들려도 물이 좋아
물에 뿌리내리고 산다

바람에 흔들리는 것쯤이야
구름이 흐르는 방향이면
그만 아니겠는가

한낮, 금붕어 잉어 지느러미가 빗는
햇살 무늬 따라 출렁이면
황홀한 것 아니겠는가

물에 산다
바람에 흔들려도 물이 좋아
물에 뿌리내리고 산다

바람이 불어올 때마다
흘러갈 곳을 모르지만
그 또한 구름이 흐르는 방향이면
그만 아니겠는가

욕지도 출렁다리에서

비렁길 타고 가네
깎아지른 비렁길 타고 가네
바람만이 수직으로 떨어지는 비렁길 타고 가네

파도를 밀어 올리는 푸른 해풍을 타고
공중에 떠서 흔들리는 것은
작은 내 몸이더냐
위태로운 출렁다리더냐
해류를 타고 어디로든 가고 싶어 하는 내 마음이더냐

하늘이 빙빙 도는 난간을 붙잡고
멀고 먼 바다를 향한 펠리칸 날개 위에
먼지 같은 발자국 무수히 남기며
눈 부신 햇살을 타고 가는 나는 지금
아찔한 현기증이다

그러나, 코발트빛 바다에 흔들리는 내 마음 뉘이고
쨍쨍한 햇살과 푸른 달빛을 노래할 수 있다면
나는 한없이 흔들리고 또 흔들리더라도
거대한 펠리칸 날개를 타고 푸른 바다 건너가리

흔들흔들 흔들리는 흔들시간을 걸어
출렁출렁 출렁이는 출렁다리를 건너
가만히 귀 기울여 듣던 욕지도의 검푸른 전설을
흰 파도에 실어 보내리

살다가

살다가
못 살겠다 싶거든
그냥 들에 나가
들꽃을 보시게나

바람 없이 핀 들꽃이
그 어디에 있는가

살다가
못 살겠다 싶거든
그냥 산에 올라
산꽃을 보시게나

바위틈에 위태롭지 않은 산꽃이
그 어디에 있는가

그러나
바람 앞에서도
바위 끝에서도
미소 짓지 않는 꽃이
또 그 어디에 있던가

삶은 그저
바람 속에 핀 들꽃이나
바위 끝에 선 산꽃과 같은 것

바람 속에 흔들리고
벼랑 끝에 위태로울지라도
들꽃처럼 산꽃처럼 살아가시게나

하늘빛 편지

너의 파란 마음
투명하게 다 보이지

수채화 같은 너의 마음
눈 감아도 다 보이지

하늘처럼 높고 넓은 너의 마음
눈 감아도 나는 다 볼 수 있지

하늘에 대고 그리면 하늘빛 색감
흐르는 물소리에 그리면 설레는 색감
나뭇잎에 대고 그리면 청록빛 색감

두 눈 감아도 너의 마음
나는 다 볼 수 있지

이 세상 가장 아름다운 색은
사랑이라고 말하는
너의 그 마음
다 보이지

이제 또다시

너는 가까이 있는데
나는 모르고 있었던 것처럼
그냥 그렇게 살아있는 척 숨만 쉬기로 했어

세상이 다 내 것인 양
그렇게 살고도 싶었지만
흐르는 시간에 묻혀 죽은 듯이 있고 싶어

두려움 없이 살던 내가
두려운 시간 위에 똬리를 틀고 앉아
즐거운 시간을 위협(威脅)하고 있어

이제
웃음으로 번져가는 시간 위를
맑은 햇살처럼 걷고 싶어

또다시
햇살이 찾아드는 꽃잎 위를
노랑나비처럼 날고 싶어

커피잔에 흐르는 시간을 타고

밤낮없이 네가 그리울 때면
나는 가만히 눈을 감고 너를 그린다

커피잔을 흐르는 너의 향기에 젖을 때
아련한 향수로 살아오는 그리운 시간이여

추억을 마시는 시간은 그리움으로 가는 길이다
낭만을 마시는 시간은 사랑으로 가는 길이다

사랑을 꿈꾸는 공간은 달콤한 시간 속으로 떠가고
고독을 채우는 시간은 향기로운 공간 속으로 흐른다

잔잔한 음악을 타고 마음속으로 흘러드는 사랑이여
비워지는 자리로 차오르는 그리움이여

밤낮없이 네가 그리울 때면
나는 가만히 눈을 감고 너를 그린다

캐시미어 목도리

그대 마음은
캐시미어 목도리

찬바람 불어와도
목을 감싸며
마음 따뜻하게 해주는 사랑이여

보드라운 목도리에 목을 깊숙이 묻으면
그리운 숨결을 타고
숯불 같은 언어들이 피어납니다

겨울 거리를 걸어도
봄 들녘을 걷는 듯
내 가슴에 아지랑이 무한히 피어납니다

오늘도 내일도
나를 설레게 하는 그대여
캐시미어 목도리처럼 나도 그대에게
한없이 따뜻하고 부드러운 사람이고 싶습니다

"평설"

조금래 시인의 『겨울 자작나무 숲에서』에 담긴 '그리움의 시학(詩學)'

박정근
(문학박사, 황야문학 발행인, 작가, 평론가, 시인)

Ⅰ. 그리움의 시학(詩學)의 발생

조금래 시인이 오랜 침묵을 깨고 두 번째 시집을 내놓는다. 시인으로서 새로운 도약을 위한 기다림이 있었기에 의미 있는 시집이 탄생하게 된 것이다. 시인은 시집이 나올 때마다 새로운 변화를 창출하지 않으면 긍정적인 평가를 받기 어렵다. 독자들은 시인에게 삶에 대한 새로운 문학적 지평을 기대하고 시집의 표지를 넘긴다. 김수영은 새로운 시를 추구하기 위해서 한번 읽은 시집은 과감하게 버리라고 충고했다. 이런 관점에서 조금래가 이번 시집에서 새롭게 삶을 바라보는 시를 내놓은 것은 매우 유의미하다. 그는 이번 시집에서 오랜 숙성의 시간을 가진 삶의 편린들을 정제된 이미지로 투사하고 있다. 열정과 사랑이 넘치는 낭만주의적 관점을 견지한 시인은 영국의 계관시인 워즈워스

(Wordsworth)적 시작법을 보여주고 있다고 본다.

워즈워스는 자연과 인간을 노래하면서 결코 즉흥적 감정을 쏟아놓지 않았다. 그는 자신이 목격한 사건과 오브제들을 내면의 잠재의식 속에 깊숙하게 적재한다. 그리고 그것들을 바로 꺼내서 맛보지 않고 오랜 시간 반추하는 숙성의 시간을 가진다. 워즈워스는 과거의 사건과 오브제들을 조용하게 관조함으로써 그것들의 본질적인 실체가 새롭게 발효되는 과정을 가지라고 주문했다. 그리고 무리하게 인위적인 창작의 노력을 기울이지 않고 관조하는 가운데 자연적으로 감정이 흘러나오도록 내면의 문을 살며시 열어놓아야 한다는 것이다.

조금래가 두 번째 시집을 내놓은 시편들은 워즈워스처럼 숙성의 향기나 풍기고 있다는 것을 필자는 발견하였다. 그는 이 시집을 통해서 거친 삶의 역정을 총제적으로 반추하고 있다. 유년시절부터 장년에 이르기까지 겪었던 희극적 또는 비극적 사건들을 그의 내면에 축적하여 워즈워스적 접근방법으로 내면적 숙성과정을 거치고 있다. 그리고 시인은 그것들을 현재의 관조적 렌즈를 통해 흘러나오게 하여 일체의 가식적 수식을 제거한 후 정제된 시어로 조각조각 과거의 삶을 다시 그린다. 과거에 격정과 열정이 담겨있던 오브제들은 시간의 렌즈를 거치면서 그리움으로 변화하는 화학적 반응을 보여줄 수 있다. 그야말로 조금래 나름의 시적 접근으로서 그리움의 시학이 발생하는 것이다.

II. 시적(詩的) 오브제와의 만남과 각성

조금래는 세상의 사물을 시적 렌즈로 바라보는 모습을 보여주고 있다. 시인은 사물을 무관심하게 스치고 지나가지 않는다. 그에게 감흥을 준 사물은 언젠가 다시 만나서 그의 가슴을 울리고 간 배경과 이유에 대해 사유하지 않으면 안 된다. 어쩌면 그 사물을 통해서 신의 섭리를 깨닫는 초월주의적 깨달음이라고 볼 수 있다. 시인은 〈겨울 자작나무 숲에서〉에서 시적 각성의 순간을 여실히 보여준다. 아침에 만난 자작나무 숲은 시인의 가슴을 울린다. 그렇다고 그는 결코 그 감흥만으로 시로 쓰지 않는다. 자작나무의 이미지를 내면화하기 위해 셀 수 없이 아침을 기다리고 자작나무 숲을 찾아가야 한다. 그리고 자작나무 숲이 시인의 마음의 문을 열고 진리를 찾아가는 구도의 길을 열어줄 때까지 관조의 시간을 가진다. 어느 순간 자작나무 숲은 그의 가슴 속에 세상의 진리의 창을 열어준다. 시인이 가지는 각성의 시간은 마음의 문이 활짝 열려 신의 섭리를 깨닫는 순간이 아닐 수 없다. 이런 시인의 태도는 전형적인 워즈워스의 낭만주의를 닮아있는 것이다.

>햇빛 쏟아지는 아침
>자작나무 숲이 황홀하게 나를 울렸었다면
>나는 또다시 그 아침을 기다려야만 한다
>
>아침 자작나무 숲은
>내 눈과 마음을 열어주는 창

아슴하던 내 마음에
고요한 눈길 하나 환히 열린다

                - <겨울 자작나무 숲에서> 부분

조금래가 진리를 각성하는 계기는 일정하지 않다. 시인의 각성은 학문적 또는 이론적인 접근으로 이루어지지 않는다. 그것은 살아가면서 만나는 자연이나 일상의 사건일 수 있다. 시인은 흔히 마주치는 나무나 풀 또는 바람이 각성의 오브제가 될 수 있다고 본다. 우연히 발견한 자작나무 숲이 그에게 각성의 오브제가 되었듯이 산을 오르다 능선에서 불어오는 바람 또한 그의 깨달음을 주기도 한다. 인간은 어떤 곳이든 정이 들면 오래 머물려는 속성이 있다. 그래서 어릴 적부터 자란 곳을 고향이라고 일컬으며 정착하고 살아간다. 하지만 모든 인간은 아무리 정든 고향이라 할지라도 성장하면 이런저런 이유로 떠나지 않으면 안 된다. 그리고 외지에서 이방인이 되어 살면서 고향을 그리워하는 아이러니한 운명을 피할 수 없다.

조금래는 산의 능선을 타다가 우연히 불어온 바람을 마주치는 순간 모든 존재가 당면할 수밖에 없는 진리를 깨닫는다. 고담준론으로 가득한 책이 아니라 살아가면서 일상으로 만나는 바람이 진리를 깨닫게 하다니 뜻밖일 수 있다. 하지만 바람은 문자가 아닌 존재 그 자체로 시인에게 진리를 체감하게 한다. 그것은 모든 존재가 피할 수 없는 진리가 아닐 수 없다. 바람은 인간이 정든 곳에 오래 머물고 싶은 속성을 파괴 한다. 어느 순간도 어느 지점에 머물 수 없는 바람이 아니겠는가. 바람은 잔잔하여 잠시 머물러 있는 양 보이지만 이내 떠나고 만다. 연인이건 가족이건 우리 곁에 영원히 머물러 주기를 원하지만 그들 또한 떠나고 시인에게 그들의 부재에 대해 그리움을 탄생시키는 것이다.

   진달래 능선을 불어온 바람아
   나는 너와 함께
   하얀 밤을 건너고 싶다

   (중략)

   떠돌다 눌러앉은 곳이라 할지라도
   누구든 또다시 떠나야 한다는 것을
   바람아, 너는 이미 알고 있었구나

   초저녁 별을 멀리 바라보다
   나의 옷깃을 가만히 흔드는 추녀 끝 풍경소리는
   언제나 나를 깨어있게 하는 너의 마음이었구나

                        - 〈진달래 능선을 불어온 바람아〉 부분

낭만주의적 시인으로서 조금래는 시를 통해 미적 가치를 추구하는 동시에 삶에 대한 진리를 찾아가는 구도자가 되고자 한다. 이것은 자칫 낭만주의자들이 빠질 수 있는 탐미적 태도를 극복할 수 있는 유의미한 계기가 될 수 있는 것이다.

III. 조금래 시에 나타나는 그리움의 양상

이번 시집에서 가장 두드러진 시적 현상은 그리움이 아닐 수 없다. 그리움은 모든 살아있는 인간이 가지는 필연적인 감정이라고 볼 수 있다. 불가피한 운명은 시인에게 사랑하는 존재의 부재를 통해서 그리움을 낳게 한다. 이때 그리움이 시인에게 촉발시키는 감정은 달콤할 수 있지만 고통스럽기도 하다. 그리움의 대상이 시인의 눈앞에 나타날 수 있다면 그 감정은 해소가 될 수 있다. 하지만 그리워하는 존재와의 거리가 영원히 좁혀질 수 없다면 그리움은 고통으로 변화하는 속성을 가지고 있다. 특히 삶과 죽음은 결코 다가설 수 없는 대립적인 세계가 아닌가. 하지만 인간은 대립적 세계를 인위적으로 화해시키는 능력을 가지지 못한다. 인간이 아무리 물질문명을 발전시킨다고 해도 시간이 가지는 파괴성을 극복할 수 없는 것이다.

시인은 스스로 시간의 힘을 거스를 수 없다는 인식을 통해서 그리움이 한의 감정으로 변화하며 고통을 준다. 조금래는 그리움의 시학(詩學)을 정의하기 위해 이렇게 노래한다.

만날 수 있는 것은
그리움이 아니다
그것은 보고픔이다

그리움은
만날 수도

볼 수도 없는
슬픔이 피워내는 눈물꽃
애간장 태워 피워내는 한숨꽃

그리움은
무음(無音)의 통곡(痛哭)이다

- 〈그리움〉 전문

시인은 상상력을 통해 그리움의 주체로서 자신의 이미지를 다양한 비유를 이용하여 재현하고자 한다. 세상의 바람을 정면으로 맞아가며 끊임없이 돌아가는 풍차를 과거의 행복했던 순간을 그리워하는 자신에 비유하고자 한다. 그래서 그리움의 대상에 대한 감정의 편린들이 표류하는 바람을 불러들이는 시인의 이미지로 눈앞에 그려진다. 그는 〈풍차〉에서 "하늘을 머리에 이고/눈빛 맑은 너를 무한히 꿈꾸는 나는/아쉽고 그리웠던 순간들을 찾아/끝없이 해풍 속을 돌고 도는 풍차"라고 자신을 정의한다. 그는 그리움의 무게를 못 이겨 절망 속으로 도피하는 시인이 아니다. 오히려 그리움의 대상을 향해 당당히 맞서고자 하며 그런 행위가 생산하는 감정을 노래한다. 그는 "오늘도 나는/바람의 언덕에 서서/끝 모를 그리움을 안고/바람이 전해주는 천상의 네 목소리에 젖는다"라고 토로하고 있는 것이다.

조금래는 그리움의 시학을 완성하기 위해 끊임없이 창작 행위를 실천하는 시인이다. 그리움의 시학에 의하면 그리움의 감정이 시인의 시간과 공간의 한계를 넘나들면서 참여하게 한다. 그는 그리움의 대상을 망각이 지배하는 레테의 강

저편으로 보내지 않는다. 오히려 시인은 〈나의 별은 그 별자리에 그대로〉에서 "그리운 나의 사랑아/별이 보이지 않아도 별은 그 별자리에 있듯이/네가 보이지 않아도/내 가슴 속 너는 변함없이 그 자리에 있지"라고 선언한다. 그는 그리움의 대상을 자신의 의식 속에 존재하게 하고 영원히 공생하는 전략을 구상한다. 그는 "이 밤, 나는/너를 보내지 않고 보내는 법을/밤새도록 골똘히 생각해 본다"라고 쓴다. 이것은 그리움의 대상이 단순한 일시적이고 즉흥적인 존재가 아니라 그의 삶 속에 영원성을 획득하고 있음을 보여주는 것이다.

하지만 그리움의 시학(詩學)은 어떤 이론으로 무장한 관념적 행위가 아니다. 그리움은 그의 삶의 시공간을 상당부분 점유하고 있으며 삶 자체를 뒤흔드는 감정적 요소이다. 사랑하는 대상이 불현 듯 떠나가고 난 후 그 빈 공간은 쉽게 채워지지 않는다. 바람이 휩쓸고 지나간 빈자리는 또 다른 바람이 불어와 채워줄 수밖에 없다. 하나의 떠남이 수많은 연쇄작용을 일으켜 시인의 삶은 극심한 불안정과 혼돈 속으로 빠져든다. 이런 고통은 시인의 기억과 망각의 길항작용의 주제가 되게 한다. 그 과정에서 시인의 입장은 혼돈과 고통을 자신의 의식 밖으로 배제하지 않는다. 오히려 그는 그리움의 고통을 삶의 중심으로 끌어들여 시학으로 발전시키고 승화시키고자 한다,

떠나는 길에 너를 만나고
돌아오는 길에도 너를 만난 삶의 정점에서

나는 한 점 그리움 되어 너를 부른다

그리운 만큼 너를 지우고
지운 것보다 너를 더 그리워하던
불면의 시간이여

　　　　　　- 〈봄으로 가는 길목에서〉 부분

　조금래가 그리움의 대상으로 삼는 객체는 단연코 어머니이다. 어머니를 그리워하는 시인의 의식 속에 출몰하는 시적 오브제가 그리움의 시학(詩學)을 미학적으로 탄탄하게 한다. 〈어머니의 메밀밭〉에서 어머니를 재현하는데 나타나는 오브제들은 소나무, 별, 메밀밭 등이다. 아마 시인의 기억 속에 소중하게 간직하고 있는 아름다운 고향의 이미지들이리라. 가을밤에 하얀 메밀밭을 걸어가는 어머니의 모습은 시인의 낙원의 이미지가 아닐 수 없다. 하얀 메밀꽃은 어머니의 육화된 모습과 겹치면서 매우 청순하고 신성한 분위기를 자아낸다. 마치 한밤에 신성한 제의(祭儀)를 관장하는 제사장과 같은 존재로서 어머니를 재현한다. 죽음으로 현재에 부재한 어머니는 결코 슬픈 그리움이 아니다. 어머니는 고향의 밭에서 메밀꽃으로 다시 피어나는 현재성을 보여줌으로써 부재의 슬픔을 극복할 수 있게 한다. 죽음의 부재를 극복하고 새봄에 재생하는 메밀꽃과 같은 어머니는 초월성을 자아내면서 경외감(敬畏感)마저 불러일으킨다. 이 시에 등장하는 메밀꽃의 이미지는 여행하다가 문득 만난 메밀꽃이 아니다. 워즈워스가 주장했듯이 관조하는 가운데 흘러넘치는 과거의 이미지로서의 메밀꽃으로 재현되고 있는 것이다.

> 아아, 어머니는 소나무 숲 한 켠에
> 맑은 별들을 무한히 초대해 놓고
> 바람결에 꿈을 노래하며
> 서러운 가을밤을 하얗게 건너고자 하셨던가
>
> 목청껏 뽑아내지 못한 삶의 가락을
> 붉은 대공 위 하이얀 메밀꽃으로
> 숨 막히게 피워내시던 어머니
>
> 하이얀 메밀꽃을 보면
> 그리운 어머니의 맑은 숨결이
> 내 가슴 속에서 한없이 피어난다
>
> — 〈어머니의 메밀밭〉 부분

조금래의 시에서 어머니에 대한 재현은 그녀에 대한 직접적 이미지로만 이루어지지 않는다. 그는 능란한 시적 수법으로서 환유를 이용하여 어머니의 재현을 효과적으로 수행한다. 시인에게 어머니는 그녀가 사용하던 호미나 호미로 흙을 고르던 소리를 통해서 더 친밀하게 그려낼 수 있다. 호미는 어머니가 자식을 키우기 위해 쉴 새 없이 움직이던 노동의 도구이다. 시인은 호미 소리를 단순히 흙을 고르는 금속성의 소리로 인식하지 않는다. 그는 그 소리와 함께 들려오는 어머니의 숨결과 사랑을 느끼고 있다. 시인은 〈호미〉에서 "꿈결인 듯 아닌 듯/아직도 귓가에 쟁쟁한 어머니의 메마른 호미 소리 /아아, 나무껍질 같은 손길 속에서/어떻게 어머니는 나를 토실한 애벌레처럼 키우셨을까"라고 노래한다. 고향에서 시인은 어머니의 노동과 고통을 상징하는 오브제로서 그녀의 손발에 감기었던 하얀 반창고를 기억해낸다. 지나친 노동으로 손발이 갈라지고 상처 사이로 번지는 핏빛은 시인에게 아픔을 준다. 그리고 어머니의 노동과 고통을 덜어주고 싶은 동심이 발동한다. 그는 "꿀 따러 넓은 들판으로 날아오르는/한 마리 꿀벌이 되고 싶었다"고 하소연한다. 시인은 어머니의 고통스런 현장에서 떠나고 싶은 마음과 꿀이라는 치유의 능력을 가진 꿀벌이 되고 싶은 소망을 동시에 표출하고 있는 것이다.

조금래는 호미 소리를 어머니에 대한 환유의 수법으로 활용하는 것처럼 어머니가 만들었던 음식의 맛 또한 환유의 대상이 된다. 어머니에 대한 그리움은 그녀의 음식이 시인에게 주었던 쾌감을 통해서 구체성을 가질 수 있다. 부추와 배추, 무에 고춧가루와 마늘을 버무린 어머니만의 맛은 어머니에 대한 그리움을 심화시키는 기제가 된다. 이국에 가면 조국의 음식에 대한 향수가 민족애나 조국애로 발전하는 것은 일반적인 현상이 아닌가. 어머니의 음식에 대한 유년의 기억들이 되살아나며 그것을 현재화하고 싶은 욕망으로 가득하게 된다. 그 음식의 맛은 유년의 기억 속으로 스며들어 시인의 잠재의식 속에 축적되어 있다. 그러한 이미지들의 기억들이 시인의 관조 속에서 흘러나와 현재화되는 것은 정확하게 워즈워스의 이론과 일치한다고 볼 수 있다. 어머니가 밥상 위에 올려주시던 파김치를 비롯한 음식들의 이미지들이 시인의 상상 속으로 소환되어 나타나는 것이다.

> 어머니,
> 색깔 고운 고추가루에 마늘향 묻히고
> 아침 햇살 속을 깔밋하게 살아오던
> 부추 채나물 깍뚜기 배추겉절이 그 맛을
> 오늘, 어머니와 함께 느끼고 싶어요.
>
> 어머니,
> 가만히 눈 감고 생각만 해도
> 입안 가득 침 고이는
> 파김치 꼬들배기김치 고추장가지부각 그 맛을
> 지금, 어머니와 한 밥상머리에서 느끼고 싶어요.
>
> — 〈유년의 꿈이 눈을 뜰 때면〉 부분

조금래의 그리움은 어머니 못지않게 어버지도 그 오브제가 된다. 아버지의 이미지는 역시 남성적이어서 대숲, 싸리 숲, 덕유산과 연결된다. 아버지의 거친 숨결은 대숲의 바람이 되고 싸리 숲의 아침 햇살이 된다. 아버지의 숨결은 가족의 한계를 넘어서 마을 공동체로 뻗어나가고 덕유산 정기를 담고 사는 친구들과 고향 사람들로 확산한다. 동네 골목에서 함께 놀던 친구들과 고향에서 살아가는 고향 사람들은 대숲, 싸리 숲 그리고 덕유산을 공유하는 자들이다. 그들은 환경적인 면에서 동일한 정체성을 가지고 있는 존재들이라고 볼 수 있다. 아버지, 친구들과 고향 사람들에 대한 그리움은 그들과 공유한 시공간에 존재했던 오브제들을 통해서 구체성을 띄게 된다. 그리고 그들에 대한 그리움은 시인의 마음속에서 덕유산에 대한 그리움으로 발전한다. 이 과정에서 시인은 고향의 상징인 거대한 산과 닮은 존재가 되고 싶은 소망을 가지게 되는 것이다.

> 어릴 적 아버지의 숨결을 타고 흘러
> 산 대숲에서는 댓소리를 담은 푸른 바람이 되고
> 싸리 숲에서는 싸리꽃들을 쓸어주는 아침 햇살이 되어
> 고향 집 앞마당과 마을 골목골목을
> 친구들과 함께 시원하게 쓸어놓고 싶은 마음
>
> 산길 굽이굽이 돌아 오르며
> 덕유산을 닮아가는 고향 사람들을
> 하나 둘 셋 떠올리면
> 나도 문득 덕유산 같은 사람이 되고 싶다
>
>   - 〈오월의 덕유산에서〉 부분

고향 친구들에 대한 그리움은 그들과 함께 했던 과거의 시간들을 현재로 소환하게 한다. 각자의 삶을 구가하기 위해 사방으로 흩어진 친구들은 어디에 있을까, 추억의 시간에서 그리움의 오브제인 친구들의 비중은 크다. 그런데 그들은 시간의 불가역적 작용으로 인해 시인의 곁을 떠나고 없다. 그런데 어느 누구도 시인의 행복을 위해서 대신할 수 없다. 과거에 가장 행복했던 때는 역시 죽마고우들과 즐기던 시간이었다. 사실 시인의 낙원을 복원하기 위해 절실한

과거의 시간을 되돌릴 수 없다. 이러한 시간의 속성은 그리움을 추구하는 시인에게 가장 잔인하다고 볼 수밖에 없다. 한번 흘러간 시간은 아무도 돌이킬 수 없기 때문이다.

  하지만 시인은 시를 통해서 시간의 흐름에 저항하고 다시금 친구들과 함께하고 싶어 한다는 믿음을 견지한다. 시인의 상상력은 친구들과 즐기는 시간을 시를 통해 재창조할 수 있지 않은가. 역시 친구들과 지낸 시간의 현재화는 상상을 통해 가능할 뿐이다. 산속 또는 강가에서 친구들과 먹던 산채 비빔밥과 동동주는 시인을 다시 행복하게 만들 수 있으리라. 설혹 지리적인 간극으로 인해 그들이 현실 속으로 돌아올 수 없을지라도 상상의 바람과 강물은 그 친구들을 시인 곁으로 불러올 수 있다. 그야말로 시인만이 할 수 있는 그리움의 미학(美學)이 시를 통해 만들어진다고 할 수 있다.

    산 능선 넘어가
    큰 양푼에 산채비빔밥 가득 비벼
    숟가락 부딪히며 함께 먹고 싶고
    강줄기 따라가
    이빨 빠진 대접에 동동주 넘치게 따라
    노래 불러제끼며 한 잔 하고 싶은 친구들아

    (중략)

    친구들아 그럴 때면
    우리 모두 신탄리에 모여
    잘 익은 묵은 지에 손 두부 한 점씩 서로 얹어주며

그간 못 나눈 정 마음껏 나누어 보자
바람처럼 네가 나에게 불어오고
강물처럼 내가 너에게 흘러가서
하나로 만나 이 땅을 노래해야 할 친구들아

- 〈신탄리역에서 부르는 노래〉 부분

조금래의 그리움의 시심은 그를 사랑하는 누님의 기도로 향하기도 한다. 아마도 현실 속에서 부모님의 부재로 생긴 감정적 공허감의 치유를 위해 현존하는 사랑의 주체로 누님을 부각시킨다고 볼 수 있다. 시인에게 그에 대한 누님의 사랑은 지리적인 간극을 무효화할 수 있는 힘을 가지고 있다. 군산의 누님은 사랑의 힘으로 서울로 뻗어와 시인의 마음의 문을 열어주고 새아침의 축복을 전해주고 있다. 〈누님의 기도를 위한 나의 노래〉에서 시인은 누님과 함께 나누는 그리움의 상징으로 달을 제시한다. 달은 시인과 누님 간의 그리움을 전달하는 매개체라고 볼 수 있다. 달빛은 지리적 간극을 극복하기 위해 두 사람에게 동시에 존재하는 현재성을 가능하게 한다. 시인은 달빛을 통해서 누님의 사랑을 느낄 수 있기 때문이다. 시인은 달이라는 오브제를 통해서 그리움의 상징을 재현하는 시적 장치를 보여주고 있는 것이다.

보고픔을 그리움으로 달래며
군산에서 서울로 향하던 누님의 마음
간밤에 그 마음을 보았다는 북한산 달이
나의 창문에 그 마음을 달빛으로 환하게 뿌려주었습니다

- 〈누님의 기도를 위한 나의 노래〉 부분

조금래는 인간에 대한 그리움만을 간직하는 시인이 아니다. 그의 그리움은 인간 못지않게 자연으로 향하고 있으며 그의 낭만주의를 꽃피우게 한다. 자연에 대한 그리움이 상징적으로 나타나는 대상은 청산도이다. 시인은 그리움의 대상인 청산도를 시적으로 재현하기 위해 의인화의 수법을 구사한다. 그는 〈청산도〉에서 꿈에도 그리던 그곳을 찾아와 마치 연인처럼 함께 사랑을 나누도록 연출하면서 "청산도, 청산도야/꿈에 그리던 청산도야/너의 품에 안겨 가슴속으로 파고들수록/내 가슴은 노랗게 달떠 마냥 푸르디 푸르게 뛰누나"라고 노래한다. 연인들이 헤어져 있는 시간은 갈수록 사랑과 그리움의 강도를 높여 상호 간에 집착이 더 강하게 나타나게끔 한다. 시인은 시속에서 찾아간 청산도가 현실인지 꿈인지 구분하기 어려운 애매성을 보여준다. 그리움은 꿈과 현실 속에 동시에 존재하고 있으며 의식과 무의식을 넘나들며 작용하기 때문이다.

땅 기운 흐르는 곳곳마다
눈길 머무는 곳곳마다
내 발길 붙드는 청산도야

그리워 그리워서
의지대로 나는 너를 찾아왔지만
내 의지대로 떠날 수 없는 꿈의 청산도여

— 〈청산도〉 부분

조금래의 그리움이 개인이나 가족의 한계를 넘어 자연과

민족공동체로 확장하는 것은 시인으로서 바람직하다고 본다. 시인의 의식은 소우주와 대우주를 넘나들어야 균형성과 건강성을 유지할 수 있기 때문이다. 일제 식민지 아래 청록파 시인들은 자연에 대한 아름다움에 치우쳐 민족공동체에 대한 고민이 없었다는 이유로 많은 공격을 받을 수밖에 없었다. 조금래는 그의 그리움의 대상을 국가와 민족의 차원으로 확장시키고자 하는 대아적 자세를 견지한다.

 제국주의적 음모와 민족적 모순에 의해서 남북으로 갈라진 민족공동체는 참으로 비극적이지 않을 수 없다. 남북의 민중들은 이념적 대립으로 나뉘었으며 한반도의 허리는 인위적으로 절단되어 고통을 겪고 있다. 〈바람이 되고 싶은 철마〉에서 조금래는 분단의 상징물로 녹슨 철마를 등장시킨다. 경원선을 달리던 철마는 움직이지 못하고 녹슨 채 버려져 있지 않은가. 멈추어 선 철마는 휴전선으로 가로막혀 왕래하지 못한 채 그리움으로 몸부림치는 민중들의 상징물이다. 이 순간 시인은 이념적 분단을 극복하고 분단을 해체할 수 있는 시적 상상력을 발동한다. 군사적 폭력으로 막을 수 없는 초월적 존재로서 한탄강과 바람을 상징적 시어로 제시한다. 인위적 철로를 달려야 하는 철마는 멈추어 있지만 그리움의 움직임을 상징하는 강물과 바람은 군사적 장애물을 훌쩍 넘어 그리움의 대상을 만날 수 있다.

 발길 묶인 신탄리 중단 역에서
 무거운 가슴 억누르며
 그날을 기다리는 녹물빛 사랑이여

반백 년이 넘게
오도 가도 못하는 실향의 아픔이
아직도 그리움 되어 한탄강으로 흐르나

원산의 푸른 하늘을 노래하는 철마여
평강과 안변의 산하를 꿈꾸는 네 눈빛 속으로
이 땅의 바람은 오늘도 불어간다.

― 〈바람이 되고 싶은 철마〉 부분

  시적 상상력을 통한 이러한 초월적 만남은 분단된 민중에게 재회의 희망을 줄 수 있다. 조금래의 그리움의 시학(詩學)은 시인의 세계를 소아적 그리움에서 민족적 차원으로 확장할 수 있는 장치를 제공하고 있다고 본다.
  조금래가 이번 시집에서 주조하고 있는 그리움의 시학(詩學)은 결코 감상적인 재현이 아니다. 물론 열정의 소유자로서 시인은 그리움으로 인해 감정이 북받쳐 서러움에 잠기는 모습을 보이기도 한다. 하지만 그 서러움마저 온전히 감상성에 맡겨두지 않는다. 시인은 서러움의 오브제로 꽃의 이미지를 사용하고자 한다. 서러움의 주체와 객체가 분명하게 나뉘지 않고 그리움을 공유하는 양자를 꽃이라는 이미지로 연결하는 수법을 쓰고 있다. 이런 시적 장치는 낭만주의적 시에서 자주 나타나는 감상성을 미학적 수준으로 끌어올리는 효과를 낳을 수 있다. 그래서 시가 그저 눈물과 한숨의 토로가 아니라 그리움의 시학의 미학적 재현이 될 수 있는 것이다.

> 서러움에 젖어 우는 너는
> 나의 꽃
> 그리움에 젖어 우는 나는
> 너의 꽃
>
> 설움이 그리움 되어 소용돌이치는 밤
> 꽃눈물 짓는 나의 사랑을 위해
> 밤의 소곡 하나 지어다오
>
> — 〈꽃눈물〉 부분

조금래가 낭만주의 시인으로서 또 하나의 미학적(美學的) 장치로 제시하는 요소는 감정의 절제이다. 그는 삶에서 가장 중요한 존재를 상실한 심리적 트라우마가 있다. 자칫 시인은 한의 응어리를 풀어내는 기제로 시를 쓸 수 있다. 낭만주의 시인이 빠지기 쉬운 유혹의 함정이 아닐 수 없다. 물론 한풀이 시가 모두 문학적으로 결함이 있다고 보는 것은 아니다. 하지만 한풀이 시는 작품의 균형과 건강성을 해칠 가능성이 많은 것이 사실이다. 시인은 자신의 서러움을 자연적 오브제에서 발굴한다. 한밤에 우는 귀뚜라미의 울음을 듣고 시인의 마음이 쉽게 동화하는 것을 발견한다. 하지만 시인은 그가 결코 감상주의자가 아니라는 것을 보여준다. 그것은 바로 침묵의 절제이다. 서러움과 슬픔의 감정을 쏟아놓는 것이 시가 아님을 강변하듯 감정의 반전을 통해 절제의 미학을 시도한다. 애절하게 울고 있는 귀뚜라미와 다른 방식으로 충족되지 않는 그리움에 대한 서러움을 미학적(美學的)으로 재현하고자 하는 것이다.

콘크리트 벽 사이에서
누가 그리워
저리 절절이 우는 걸까

아스팔트 골목길 위 나는
절절한 그리움을 안고도
귀뚜라미처럼 소리 내어 울지 못하고
속으로 울음 삼킨다

― 〈귀뚜라미〉 부분

　조금래는 삶의 도처에서 그리움을 느끼고 그 대상을 만날 수 없어 서러움의 물줄기가 솟아나는 것을 발견한다. 그는 더 이상 그리움의 현실을 바라보고 느끼는 반응을 보이는 것으로 멈출 수 없다. 마치 중세의 기사들이 영적인 문제를 해결하기 위해 진리를 발견하고자 순례의 길을 떠나듯이 적극적으로 구도의 길을 가지 않을 수 없다. 그는 시인으로서 그리움의 대상을 현재화할 수 없는 상황을 소극적으로 수용하는 것으로 멈추지 못한다. 조금래는 그리움이 있지만 그 대상을 만날 수 없는 딜레마를 운명적으로 받아들이지 못하고 그 모순을 해결하고자 떠나기로 결심한다. 시인은 〈태풍의 눈이 되어〉에서 "나도 그렇게 너에게 가고 싶다/해로가 없으면 바닷길 내고/육로가 없으면 뭍길 내어/그리운 너에게 가고 싶다"고 강한 의지를 밝힌다. 그 과정에서 아무리 힘들고 방황하더라도 그리움의 대상을 만날 수 있다면 얼마든지 감수하겠다는 의미이다. 그래서 그는 "길이 길 따라가는 그 길 버리고/아무리 헤매이더라도 길 없는 길 찾아/새로운 길 내며 그리운 너에게 가고 싶다"고 노래할 수 있는 것이다. 이러한 그리움에 대한 적극적인 대처가 그의 그리움의 시학(詩學)을 탄탄하게 만들 수 있는 시인의 자세라고 보는 것이다.

IV. 그리움으로 인한 방황과 구도의 길로의 정진

조금래는 사랑하는 자의 상실에 이은 그의 부재로 인한 정신적 방황을 시에서 보여준다. 이런 현상은 현대인에게 공통적으로 발견할 수 있는 사회적 증상이라고 본다. 세계 1, 2차 대전을 겪고 난 후 문명의 발전으로 낙원을 기대했던 현대인들은 대량학살과 파괴의 현장을 목격하고 난 후 그들이 믿었던 신의 부재를 체감하지 않을 수 없었다. 엄청난 고통을 겪었던 수많은 유대인들은 학살의 현장에서 신은 어디에 있었는가 반문하지 않을 수 없었다. 유사한 증상으로 고통을 겪고 있는 시인은 소록도를 찾아가 신의 존재에 대한 회의감을 나타낸다. 시인은 〈출장 간 신(神)〉에서 다소 냉소적인 어조로 신의 부재에 대해 묻고 있다. 많은 나병환자들이 고통과 소외를 당하면서 살아가는 외로운 섬을 목격하면서 파괴된 휴머니티와 신에 대한 불신의 문제를 동시에 제기하고 있는 것이다.

오십 줄이 되어서야
소록도에 찾아온 내 눈은

평지에서도 허둥대고 있었다

신도 이곳에서만큼은 허둥댔던 것일까
그 어디를 둘러봐도 신의 흔적은 없었다
적어도 이곳에만큼은 있어야 할 텐데
신의 흔적 같은 것은 도무지 없었다

― 〈출장 간 신(神)〉 부분

시인의 정신적 방황은 〈섬〉에서도 확연하게 드러난다. 그는 매일 밤 불면으로 잠을 이루지 못하고 마치 어두운 바다를 방황하는 돛단배를 닮은 섬이라고 인식한다. 그는 자신의 방황을 정착하지 못하고 이리저리 떠다니는 섬으로 인식하여 "밤새/나는 어둠을 떠다니는/섬이었네"라고 토로한다. 그렇다면 그의 방황의 원인은 무엇일까. 다름아닌 그리움이라고 진단한다. 다음 연에서 그는 자신의 정신적 방황의 원인과 증상을 "그리움 안고/불면으로 떠도는/섬이었네"라고 스스로 진단하고 있다. 시인은 그리움으로 인해 불면과 방황을 겪는 증상의 주체로서 자신의 정체성을 솔직하게 밝히고 있다고 본다.

조금래의 그리움으로 인한 정신적 증상은 극복하기가 그리 쉽지 않다. 사랑이 깊었던 만큼 그리움의 대상의 부재가 불러오는 증상은 깊어지기 때문이다. 더욱이 자신의 목숨만큼 사랑하는 존재는 그의 부재를 통해 시인의 그리움과 방황을 동시에 발생시킨다. 이러한 심리적 증상들은 시인의 절제와 인내로 해결할 수 있는 도덕적 문제가 아니기에 해결하기가 더 어려워진다. 엄격한 절제로 가슴속에 쌓아온 그리움이 더이상 견딜 수 없다고 아우성이다. 시인은 〈바람 부는 성산포〉에서 그리움과 힘을 겨루다가 고통스러운 자신을 성산포에 비유하며 증상의 심각성을 토로한다. 오래 참다가 터지는 비통의 울음은 거대한 성산포의 파도를 닮았다고 보는 것이다.

못 다 내쉰 한숨을 해저 깊이 묻어 놓고
오늘도 출렁이는 성산포여
지울수록 또렷이 되살아오는 그리움을 어찌할 수 없어
너는 오늘도 파도로 부서지며 통곡하는 것이더냐

그리워 그리워서 파도 소리로 울다
그 소리 삼켜 다시 파도로 우는 성산포여
아아, 서러운 내 사랑의 향기여

- 〈바람 부는 성산포〉 부분

조금래가 시인으로서 깊은 휴머니즘적 가치를 추구하는 모습은 그의 도덕관과도 무관하지 않다. 인간의 관계 속에서 사랑하고 그리워하는 것은 본래적이다. 사랑과 그리움에는 어떤 논리적 근거가 있지 않고 자연발생적이다. 또한 가족이든 연인이든 양자 간의 뚜렷한 계약이나 의무가 필요한 것도 아니다. 그 감정들이 순수하다면 어떠한 사회적 마스크를 쓴 페르소나의 인위적 제스처가 조금이라도 개입되는 것에 대해 불편하게 느끼게 된다. 시인은 〈죄인〉에서 자신도 모르게 발생한 사랑의 감정에 대해서 죄의식을 가지는 시인의 모습을 재현하고 있다. 그는 사랑의 방황에 대해

"당신을 사랑하면서도 /사랑이 뭔지 잘 모르기에/당신을 사랑한 나는/구제할 수 없는 죄인(罪人)입니다//긴 밤을/뜬눈으로 지새우는 나는/당신을 사랑한 죄밖에 없는 /죄인(罪人)입니다"라고 읊조린다. 이처럼 그는 시인으로서 최소한의 심적 혼돈도 허락하지 않는 단아한 순수성을 추구하는 것이다.

조금래는 그리움의 대상의 부재를 안타까워하면서 현재성을 지닌 자신의 사랑을 전달할 수 없는 상황을 슬퍼한다. 그는 〈구두〉에서 "번쩍거리는 빛이 오히려 낯선 너/비 내리는 아스팔트 위를/비틀비틀 돌아오는 너의 무거운 발등을/나는 마른 수건으로 닦아주고 싶었다"고 하소연한다. 그리고 현재 부재한 그리움의 대상이 존재하는 듯 상상 속에서 재현하고자 "오늘도 새벽을 걸어 나갈 준비를 하는 너/너는 지금/어둠에 묻혀 절망하고 있느냐"라고 외친다. 이러한 시도는 시인에게 그리움의 오브제가 부재한 상황을 극복할 수 있는 초월성을 획득할 수 있게 한다. 상상력을 바탕으로 획득한 현상적 부재에 대한 초월성은 시인에게 존재에 대한 확장된 인식을 가능하게 한다. 이런 문맥 속에서 부재성과 현존성의 경계가 허물어지고 그리움의 오브제가 부활을 할 수 있는 근거를 부여할 수 있다. 이제 조금래는 그리움의 시학(詩學)을 현재와 과거의 경계선을 무너뜨리고 상상 속에서 무한히 확장할 수 있게 된다. 시인의 의식은 삶과 죽음의 한계를 무너뜨리고 부활의 개념을 시속에 진지하게 개진할 수 있는 것이다.

(생략)
어둠을 품고 부활을 꿈꾸고 있느냐

새벽 공기(空氣)를 흔들며
현관문 앞으로 신문이 툭 던져질 때
신발장 앞에 웅크린 너의 콧등 너머로
첫차 소리 들려온다.

- 〈구두〉 부분

    시인은 가장 귀중한 존재의 부재로 인해 발생한 그리움으로 지쳐가는 자신을 발견한다. 그리움이 절박할수록 부재한 대상의 현존에 대한 내적 욕망이 강하게 대두한다. 그것은 그리움의 대상이 부재한 상황에 대한 강한 염증에 의해서 발생한다. 시인의 삶의 온전함은 그리움의 대상이 현존함으로써 가능하다고 인식하기 때문이다. 그는 〈숨죽여 우는 밤〉에서 부재의 염증에 대해 "아침을 지나 저녁 강에 내리는 밤이 나는 싫다/검게 출렁이는 밤 물결이 싫고/너 없이 홀로 강을 건너야 하는 것도 나는 싫다"라고 토로한다. 사실 이러한 염증은 현재의 삶을 포기하거나 부정하려는 것이 아니다. 오히려 그의 삶을 정상화하려는 긍정적인 의지의 발현이라고 볼 수 있다. 시인은 그리움의 대상이 현존하게 하려는 변화를 결코 외적 힘에 의존하려고 하지 않는다. 그의 상상 속에서 그리움의 오브제를 되살림으로써 그의 삶의 온전함을 이루고 싶은 것이다. 오브제의 현존은 꼭 이전의 육신 그대로 일 필요는 없다. 그리움의 오브제는 시인의 상상 속에서 미학적 공정을 거쳐 아름다운 시적 이미지로

전환할 수 있다. 이 시에서 그리움의 대상이 '새벽빛'으로 나타날 것을 기대하는 것처럼 미학적 변환을 통해 승화된 존재로 부활하기를 기원하는 것이다.

부디 너는 오너라
숨죽여 울던 눈물 삼키고
새벽빛으로 너는 어서 오너라

무수한 저 별들도
밤새워 너를 기다리고 있지 않느냐

- 〈숨죽여 우는 밤〉 부분

조금래가 이번 시집에서 획득한 시적 성과는 단연코 그리움의 시학(詩學)을 미학적(美學的)으로 탄탄하게 구축한 것이라고 할 수 있다. 그는 워즈워스 방식의 낭만주의자로 사랑하는 사람이나 자연에 대한 따뜻한 시선을 던지고 있다. 그가 관심을 가지는 대상은 대단하게 화려하고 아름다운 것들이 아니다. 또한 그것들을 탐미적으로 추구하기 위해 대상을 과대하게 포장하거나 수식하지도 않는다. 오히려 시골에서 유년 시절부터 보아온 평범하고 소박한 일상의 것들에게 대한 인간적인 사랑을 간직하고 있다. 하지만 그것들은 유한한 것들로 시간의 잔인성으로 인해 우리들의 곁에서 사라지고 만다. 시인은 삶의 현장에서 사라진 존재들에 대해 강한 그리움을 가지지 않을 수 없다. 하지만 그는 그것들에 대한 그리움을 즉흥적으로 표출하지 않는다. 오히려 내면에서 그것들의 이미지들을 오래 숙성시키는 과정을 거친다. 그 과정에서 시인의 그리움의 시학(詩學)에 의해서 미학적(美學的)으로 발전시킴으로써 이처럼 탄탄한 시적 성취를 획득할 수 있었다. 앞으로 시인의 지속적인 시작을 통해서 한국 시단의 튼튼한 버팀목이 되리라고 믿는다.

"깊은 맛이 있는 벗에 대한 단상(斷想)"

이종대
(시조시인)

아직도 시(詩)를 짓는 멋이 깊은 '벗'을 생각한다. 시(詩)를 파자(破子)하면 언어(言)로 짓는 절(寺)이다. 절(寺)은 인간의 마음속에 있는 원초적 순수함의 공간이란 생각을 해본다. 시간이 많이 지나도 변함없이 시를 짓는 벗은 어떤 사람이었을까? 벗과의 만남을 추억하며 생각해 본다.

먼저 '순수(純水)한 벗'이다.

'순수'의 사전적 의미는 '잡것의 섞임이 없는 것, 사사로운 욕심이나 못된 생각이 없는 것'이란 뜻이다. '순수'를 좀 더 살펴보면 세상을 살면서 자신의 소신이 있고, 주변의 상황에 흔들리지 않는 삶을 말한다. 마음의 한쪽은 여유라는 여백을 가지고 친구들에게 차 한 잔 권하기도 한다. 찻잔에 담긴 지난 시간의 삶에 대한 이야기는 소소하면서도 주변 사람들을 챙기면서 함께 살아가는 벗의 담백함이 있어서 좋다. 또 한편으론 넘치지 않게 배려하는 자세가 편안하다. 그래서 벗과의 만남이 그립고 때론 기다려진다. 늘 한결같아서, 순수한 모습이 좋아서 오랜 만남을 이어가고 있다.

또 하나는 문학을 사랑한다는 공통분모가 있어서 좋다.

청춘이 시작되는 캠퍼스에서 목련이 피고 질 즈음 잔디밭에 앉아 변변찮은 안주에 막걸리 잔을 기울이며 늦은 시간까지 나누던 시절이 있었다. "문학이란 무엇인가", "시가 세상을 구원할 수 있을까"와 같은 당돌한 질문을 하면서 잔에 목련꽃잎을 적시던 그때의 모습이 지금도 변함없이 이어지고 있어 좋다. 자본주의 사회에서 돈이 되지 않으면 하찮은 것이 되는 세상이지만 아랑곳하지 않고 시(詩)를 사랑하며 창작에 대한 열정이 한결같은, 그런 모습이 참 좋다.

그리고, 말이 따뜻한 벗이다.

사람은 말로서 관계를 맺으며 살아간다. 말에는 사람을 살리는 따스함과 그 반대인 차가움을 지닌 존재다. 그래서 사람이 하는 말에는 자신의 인격(人格)이 담겨 있다. 사람이 존재를 위해 먹는 음식만큼이나 말의 가치는 소중한 법이다. 학창 시절 진로에 대한 선택의 기로에서 힘들어하던 때가 있었다. 한참이나 나의 이야기를 듣기만 하던 벗이 '너는 잘 할 수 있을 거야.'같은 설익은 격려가 아닌 '너의 앞날이 기대된다.'라 하는 말을 들었을 때 기운이 났다. 상대방의 말을 깊이 듣고 말에 따스함을 담아 공감할 줄 아는 벗이다.

시인의 작품 속에는 시인의 삶이 그대로 배어 있다. 사람은 누구나 간절한 소망이 있다. 조금래 시인은 버킷리스트로 "내 숨결/한 자락 남아 있다면/너를 위한 것이고 싶다"('봄으로 가는 길목에서' 중)로 표현하면서 봄이 되면 너를 맞이하고픈 향기로운 꽃밭이 되고 싶은 간절함을 드러내고 있다. 삶이란 가슴 속에 절절한 그리움을 담고 사는 법이다. 그 정점에 시인은 '너'를 담고 사는 것이다. '너'가 누구일까? 가족이나 벗이 될 수도 있지만 고향을 떠나 생활하는 사람은 가슴 아리게 남아 있는 고향에 대한 추억 같은 것이 아닐까 생각해 본다. "고향처럼 정겨운/흙 마당 초가집"('목향원' 중)은 수락산 밑에 자리한 음식점에서 벗들과 함께 하는 시간에도 초가집에 얽힌 어릴 적 시간을 되뇌며 잠시 쉼표를 찍는 모습이 익힌다. "하이얀 메밀꽃을 보면/그리운 어머니의 맑은 숨결이/내 가슴 속에서 한없이 피어난다"('어머니 메밀밭' 중)에서 마음 깊숙한 곳에 간직한 어머니에 대한 그리움을 표현하고 있다. 누구나 가슴 속에 있는 정서의 꽃봉오리를 툭 건드리면 어머니에 대한 그리움이 터지는 것을 '피어난다'고 하고 있다. 인간의 보편적 서정을 물씬 담아내는 따스함이 있다.

  시에 담긴 내용이 그대로 시인의 성품을 대변하고 있어서 좋다. 시인의 삶과 성정을 올곧게 표현한 두 번째 시집의 발간을 축하한다.

겨울 자작나무 숲에서

지은이 … 조금래
펴낸이 … 원종한
펴낸곳 … 충주문화사
주　소 … 서울시 중구 충무로 29 아시아미디어타워 302호
　　　　　Tel : 02-2277-7119
　　　　　Fax : 02-2278-0576
　　　　　E-mail : cj7114@hanmail.net
발행일 … 2023년 10월 23일

값 13,000원
ISBN 979-11-86714-51-5
ⓒ 조금래 2023

파본은 본사나 구입하신 서점에서 교환해 드립니다.
이 책은 저작권법에 의하여 보호를 받는 저작물이므로
무단 전재와 복제를 금합니다.